Author Visage Lamp

T 38th
th H.

V

37"

L'Art de bien faire les Gla

L'ART
DE BIEN FAIRE
LES GLACES D'OFFICE;
OU
LES VRAIS PRINCIPES
Pour congeler tous les Rafraichissemens.

La maniere de préparer toutes sortes de Compositions, la façon de les faire prendre, d'en former des Fruits, Cannelons, & toutes sortes de Fromages. Le tout expliqué avec précision selon l'usage actuel.

AVEC
UN TRAITÉ SUR LES MOUSSES
Ouvrage très-utile à ceux qui font des Glaces ou Fromages glacés.

Orné de Gravures en taille-douce.

Par M. EMY, Officier.

Prix, 2 liv. 10 sols broché; 3 liv. relié.

A PARIS,
Chez LE CLERC, Libraire, quai des Augustins, à la Toison d'or.

M. DCC. LXVIII.
Avec Approbation & Privilege du Roi.

TRAITÉ

DES NAIRES

LES GLACES D'OPTIQUE,

ET

DE L'ART DE PEINDRE

[faded paragraph text]

...Compagnonie, la Glace & la plus
grande de toutes... Gere...
...tour, & nous ferons de Peinture
chaque explique pour pouvoir leur
...l'Epinasse...

II. TRAITÉ SUR LES ROUGES,
[faded line]
ou l'ouvrage fait...
Par M. ÉMILION.

Prix, 2 liv. 10 sols broché à Paris.

À PARIS,
Chez LE CLERC, Libraire, quai des
Augustins, à la Toison d'or.

M. DCC. LXVII.

Avec Approbation & Privilege du Roi.

AVANT-PROPOS.

ON fera sans doute surpris que j'aie écrit sur la maniere de congeler les Liqueurs, attendu que plusieurs Physiciens en ont traité, après avoir fait toutes les expériences possibles, pour s'assurer du moyen le plus efficace pour la congelation des Liqueurs qui servent de rafraîchissemens.

Mais ces Messieurs n'ont eu en vue que d'étudier le phénomène de la Glace artificielle, sans s'occuper des Liqueurs que l'on peut congeler : c'est ce qui a fait que j'ai cru pouvoir mettre ce petit Ouvrage au jour, & qu'il seroit agréable au Public, joint à ce que personne n'a écrit sur les moyens de rendre les Glaces bonnes & agréables par la maniere de bien

A

préparer les compositions, la fa[çon] de les faire prendre & de le[s] finir.

Comme il est très-certain qu[e] nos Glaces sont supérieures à ce[l]les que l'on faisoit il y a vingt an[n]ées, & que l'on peut dire qu[e] nous avons acquis toutes les co[n]noissances possibles pour les re[n]dre parfaites; j'ai cru que je pou[-]vois donner les moyens de bie[n] faire ces délicieux rafraîchisse[-]mens, & de mettre au fait e[n] très-peu de tems ceux qui dés[i]rent apprendre l'Office, & le[s] Limonadiers.

Pour leur intelligence, je met[s] sous le même point de vue le[s] différentes opinions des Phys[i]ciens sur le phénomene des con[-]gelations.

Les plus anciennes indices d[e] l'origine de ces rafraîchissemens.

La maniere de faire les comp[o]sitions, la façon de les congeler de les finir, d'en former des fruits, fromages ou cannelons.

Il y a bien deux ou trois Officiers qui en ont fait mention; mais depuis vingt ou trente ans, les goûts sont bien changés. Les tems ont donné de l'émulation; en voulant mieux faire les uns que les autres, on est parvenu au point de perfection.

J'ai tout marqué avec précision; pourvu que l'on fasse attention, en très-peu de tems on pourra se perfectionner. Sur-tout, je recommande de bien lire les articles, pour ne manquer à rien; c'est le vrai moyen de bien réussir.

Si quelques mots ou expressions vous embarrassent, voyez la Table, elle est très-instructive.

Origine des Glacieres.

Si on en croit Charles de Mytilene, il n'est point d'invention qui ait un Auteur plus illustre que

la maniere de conserver la Gl[ace]
toute l'année dans les Glacier[s]
il assure que c'est Alexandre [le]
Grand, qui en a donné les p[re-]
mieres idées.

Il n'est pas fait mention d[ans]
l'Histoire que ce grand Prince
soit occupé à cette partie de [la]
Physique : il faut donc cro[ire]
que c'est le hasard qui aura do[nné]
lieu à cette découverte ; que pe[ut-]
être dans le cours de ses conq[uê-]
tes, ses Soldats, en creusan[t la]
terre pour faire des puits, ou [de]
autres trous pour leur utili[té,]
auront trouvé de la glace sou[ter-]
reine, comme on en trouve [en-]
core pendant les chaleurs de l'[été]
à la Chine, dans la Tartarie C[hi-]
noise, dans l'Arménie, dans [la]
Glaciere de la Franche-Com[té à]
cinq lieues de Besançon, & d[ans]
tous les endroits abondans en [sel]
ammoniac. Ils furent sans do[ute]
très-étonnés de ce phénome[ne]

Alexandre aura ordonné de faire des essais, pour voir s'il étoit possible d'en conserver toute l'année; & par la suite on sera parvenu à nous procurer ce secours si nécessaire contre les chaleurs brûlantes, que la nature sembloit nous avoir refusé, & qui depuis ce tems met le comble à la volupté.

C'est par le secours de cette invention que nous jouissons des rafraîchissemens, qui font les délices de nos meilleures tables, & qu'en Eté on prend avec tant de plaisir.

Mais je regarde comme une imprudence de servir des Glaces en tout tems, l'Eté comme l'Hiver. On me dira que cela prouve qu'on en fait grand cas.

Il faudroit plutôt consacrer ces délicieux rafraîchissemens au Printems & à l'Eté ; ce qui les rendroit bien plus précieux de les desirer six mois, les feroit chérir

davantage ; tels que l'on voit
petits pois & les fraises, qui, d[e]
leur primeur, n'ont point de pr[ix]
& l'impatience avec laquelle
attend le retour du Printems, p[our]
satisfaire au plaisir de manger
ces fruits si desirés.

Mais lorsqu'ils sont en ab[on-]
dance, & que l'on en a ma[ngé]
pendant deux ou trois mois,
n'en fait plus le même cas ; il
est de même des Glaces que, [par]
imprudence, on fait toute l'ann[ée]
& par amour-propre, on les [sert]
tous les jours : ce qui en dégo[ûte]
& ôte tout l'avantage qu'elles [au-]
roient tiré, si on ne les serv[oit]
que rarement.

De tout autre talent il en [est]
de même, plus on les prodig[ue]
plus ils sont avilis.

C'est en vain que l'on a vo[ulu]
prouver que les Glaces étoi[ent]
mal-saines, & que le sel ou n[itre]
perçoit les pores de l'étain, p[our]
s'unir aux compositions.

AVANT-PROPOS.

Il est certain que d'en user imprudemment, peut causer des coliques & des maladies, parce qu'elles peuvent arrêter la transpiration, & l'on payeroit bien cher le plaisir de ce rafraîchissement. Au-lieu que d'en user avec prudence & de les prendre doucement, elles ne peuvent faire aucun mal, & même elles sont utiles aux personnes d'un tempérament fort & nerveux.

Ce qui nous assure que la Glace est salutaire à bien des tempéramens dans les climats chauds & & tempérés, c'est ce qui arriva sur la fin du dix-septieme siecle : des Traitans, croyant trouver une ressource considérable en chargeant la Glace d'impôts, obtinrent pour cet effet une Déclaration du Roi & plusieurs Arrêts du Conseil, pour en fournir la Ville de Paris à un prix fixe ; l'expérience fit connoître que la

cherté diminuoit la consomn
tion, parce que le prix étoit e
cessif : il survint des maladies p
pulaires qui furent attribuées
manque de Glace, ce qui
lever l'impôt à la honte des T
rans.

L'ART
DE BIEN FAIRE
LES GLACES D'OFFICE.

RECHERCHES
Sur l'Origine des congelations artificielles.

APRÈS bien des recherches exactes que j'ai faites, je n'ai pas pu trouver des indices pour m'assurer à qui nous devons l'origine du refroidissement & de la congelation artificielle par le moyen des sels ou nitres.

On trouve seulement dans dif-

A v

férens Mémoires & Descrip[tions]
des Voyageurs, que dans le[s cli-]
mats chauds, comme l'Asie, [l'A-]
frique, l'Amérique, la Ch[ine,]
aux Indes, sur la côte de C[oro-]
mandel, en Egypte, en Pers[e,]
dans toutes les parties du gl[obe]
où les chaleurs excessives [sem-]
bloient ôter toute possibilit[é de]
se procurer des rafraîchissem[ens,]
que l'on fait refroidir l'eau [&]
des vases ou cruches de terre [po-]
reuse, que l'on enveloppe [d']
un linge ou une serge r[ouge]
mouillée; & l'on expose ce[s va-]
ses à l'air; & les boissons qui [sont]
dedans se refroidissent au m[ême]
point que si on les avoit mises [sur]
glace.

Mais tous ceux qui en ont [fait]
mention, en ont parlé co[mme]
d'une chose très-ancienne, &
les habitans de ces pays n'on[t pu]
leur rien dire sur l'origine de [ces]
vases.

Ainsi il paroît qu'il faut se contenter de remonter au seizieme siecle ; & nous verrons ce que plusieurs Physiciens ont dit sur les refroidissemens & congelations artificielles, & comme depuis ce tems on a perfectionné les Glaces que l'on sert dans les repas.

Le Chancelier Bacon est le premier qui ait fait mention des propriétés du sel & nitre : il dit qu'*il est évident que le sel que l'on mêle à la Glace pour les congelations artificielles augmente l'action du froid.*

Voilà une preuve certaine que le sel & nitre étoient en usage de son tems ; il dit dans un autre endroit, que *la cause qui produit le froid, ou du-moins qui l'augmente, étoit les esprits contenus dans les corps froids.* On lui attribue d'avoir reconnu le nitre pour premier principe du froid, d'autres l'attribuent à Gassendy.

Peut-être que le salpêtre d[ont]
il faisoit usage, étoit plus cha[rgé]
de parties salines & qu'il avoit [plus]
d'efficacité que le salpêtre ar[tifi]-
ciel duquel nous nous servons.

Mais le Chancelier Bacon [ne]
dit point qu'il soit l'Auteur [de]
cette découverte, si utile dans [les]
pays chauds, & qui fait les d[éli]-
ces de notre climat.

Il en parle comme d'une ch[ose]
très-ancienne, sans pouvoir [rien]
dire de l'origine.

Il paroît qu'avant ce tems [on]
étoit peu occupé de ce phé[no]-
mene, & que l'on en faisoit us[age]
sans apprécier la cause qui le [pro]-
duit.

En 1617, Don Strabon, A[m]-
bassadeur de Philippe III.
d'Espagne, auprès de Scha-A-[bas]
Roi de Perse, a remarqué la [ma]-
niere de faire refroidir l'eau & [les]
autres boissons dans des vases [po]-
reux, ou dans des outres que [les]

expose au vent ou à un courant d'air, mais qu'il ne lui a pas été possible de remonter au premier principe : il dit que c'est de tems immémorial que cette coutume s'est établie en Perse & en Egypte, sans en avoir sçu les premieres indices.

Mais il s'est très-bien expliqué sur la maniere de faire rafraîchir les boissons dans ces vases de terre.

Nous avons une preuve bien claire de la possibilité de ces rafraîchissemens que le linge ou serge mouillée produit à l'eau.

C'est l'expérience que fit M. Dortous de Mairan, *Dissertation sur la Glace*, page 250 : « Ayant
» placé à sept ou huit pouces,
» dit-il, deux thermometres, j'ai
» enveloppé la boule de l'un d'un
» linge lié au-dessus avec un fil,
» je l'ai plongé dans l'eau dont

» j'avois rempli un vaiſſeau de
» fayance de trois pouces de dia-
» metre, & j'ai laiſſé le tout en
» cet état juſqu'à ce que le mer-
» cure de ce thermometre fût deſ-
» cendu ou monté au point de
» température de l'eau; ce point
» s'eſt trouvé le même que celui
» de l'air marqué ſur l'autre ther-
» mometre qui étoit auprès : &
» comme la chambre où j'ai fait
» ces expériences eſt toujours fer-
» mée & ſans feu, & que l'air s'y
» ſoutient long-tems au même de-
» gré de chaud ou de froid, j'y
» trouvai le lendemain les deux
» thermometres au même point,
» ſçavoir, à huit degrés au-deſſus
» du terme de la congelation ;
» j'avois pris de la chambre voi-
» ſine où l'on fait du feu un gros
» ſoufflet, que j'avois mis quel-
» ques heures auparavant dans
» celle de l'expérience, pour l'y
» laiſſer prendre à-peu-près la

» même température ; je retirai
» du vase le thermometre qui y
» plongeoit, ou plutôt j'ôtai sim-
» plement le vaisseau qui étoit
» dessous, & je soufflai assez for-
» tement avec le soufflet de qua-
» tre à cinq pouces de distance
» contre le linge mouillé qui en-
» veloppoit la boule : je vis alors
» le mercure du tube descendre
» sensiblement, & qui en moins
» de deux minutes se trouva à
» deux degrés & demi plus bas
» qu'auparavant, c'est-à-dire à
» cinq degrés au-dessus du terme
» de la congelation où il s'arrêta ;
» je soufflai un moment après
» contre la boule toute nue du se-
» cond thermometre, mais le mer-
» cure remonta dans celui-ci d'un
» demi degré ».

Ce qui nous prouve un refroidissement subit, que le vent du soufflet produit au-travers du linge mouillé.

Ainsi on peut se figurer par-là l'effet de l'air sur ces vases poreux.

En 1662, le fameux Pere Kirker confirma ce que M. Bacon avoit dit sur le refroidissement artificiel, on voit dans son *Mundus subterraneus*, lib. 14. sect. 11. c. 2. *de Sale nitro tertiâ salis specie*, page 326. Tome I. Edition d'Amsterdam 1678. « Mais ce qu'il y a
» de plus admirable & de plus
» difficile, c'est que le nitre pro-
» duit des effets si contraires avec
» l'eau & avec le feu, dans la
» poudre à canon qui est compo-
» sée de nitre, de soufre & de
» charbon; il s'enflamme à l'appro-
» che de la plus petite étincelle,
» & il ne s'embrase pas seule-
» ment, mais il entre dans une
» expension violente; propriété
» du feu particuliere à la combi-
» naison de la poudre; il est donc
» bien étonnant que le sel pro-

» duife un effet tout contraire
» lorfqu'on le jette dans l'eau; car
» comme l'expérience nous l'ap-
» prend tous les jours ici à Rome,
» fi l'on met du nitre pendant
» l'Eté dans une bouteille ou dans
» tout autre vaiffeau plein d'eau,
» il la rafraîchit en un efpace de
» tems très-court, au point qu'elle
» fe change toute en glace ».

On voit bien par-là que dès ce tems on s'occupoit à confidérer la caufe de ce phénomene qui paroiffoit bien extraordinaire, mais qu'ils n'ont pu le définir.

Ce qui n'eft pas facile à comprendre, c'eft l'efficacité de leur falpêtre qui leur produifoit un degré de froid fi violent, & que les Phyficiens plus modernes ont préféré le fel: de même on ne voit nulle part que le falpêtre diffout dans l'eau ait produit de la glace, fi ce n'eft l'expérience de M. l'Abbé Nolet qu'il fit avec du fel

ammoniac, Leçons de Physique, Tome IV. page 69. « Voici, dit-
» il, comment il faut procéder à
» cet effet : prenez de l'eau la plus
» fraîche que vous pourrez avoir,
» du sel ammoniac pulvérisé, qui
» soit rafraîchi de même, & pla-
» cez-vous pour cette opération
» dans un lieu où il regne le moins
» de chaleur qu'il sera possible,
» faites un mêlange de deux par-
» ties d'eau & une de sel ammo-
» niac, c'est-à-dire huit onces
» d'eau d'une part, & de l'autre
» quatre onces de sel ammoniac
» en poudre ; le mêlange étant
» fait, si vous y plongez pendant
» quelques minutes un petit tube
» de verre fort mince & rempli
» d'eau pure, vous le retirerez
» tout glacé, & vous remarque-
» rez autour du vase, qui contient
» le sel & l'eau, une espece de
» frimat, semblable à celui qu'on
» voit aux vaisseaux dans lesquels

» on mêle du sel avec de la glace » pour faire des congelations arti- » ficielles dans les Offices ».

Voilà la seule certitude que nous avons de faire de la Glace artificielle, sans le secours de la neige ou de la glace naturelle. Tous les autres Physiciens qui en ont parlé, n'ont point donné de preuves qu'ils en aient fait, ni la possibilité d'en faire.

En 1663, François Bernier, Médecin de Montpellier, fait mention dans une Lettre écrite de Delhi le 15 Décembre 1663, que l'on est en usage parmi les riches de faire rafraîchir les boissons avec du salpêtre; que, pour cet effet, on met les boissons dans de grandes bouteilles d'étain à large goulot, l'on place ces bouteilles dans de grands baquets pleins d'eau, dans laquelle on fait dissoudre le salpêtre, & que les boissons rafraîchies de cette maniere causent des coliques à ceux qui n'y sont pas accoutumés.

Ils avoient l'opinion que le nitre perçoit les pores de l'étain, & qu'il se mêloit avec les boissons.

Mais nous sommes certains que ce ne pouvoit être que la fraîcheur des boissons, avec la grande chaleur du pays, qui leur causoit ces coliques ; ce qui fait bien le même effet dans nos climats, lorsque l'on boit trop à la glace, même sans le secours des sels & du nitre.

En 1665, M. Boyle, Gentilhomme Anglois, célebre Physicien, suivit avec exactitude les expériences, pour s'assurer des différens degrés de froid que les sels alkali, gemme, neutre & marin, produisent étant mêlés avec de la neige ou de la glace pour la congelation des liqueurs.

Voilà ce que l'on trouve dans son Ouvrage, nouvelle Edition,

page 256. « Nous n'avons, dit-il,
» dans nos climats qu'un petit
» nombre de corps assez froids
» pour produire de la Glace ; le
» plus efficace, c'est un mêlange
» de sel & de neige, quoique très-
» peu connu en Angleterre, &
» très-usité en Italie & en tout
» autre pays pour le rafraîchisse-
» ment des boissons & des fruits,
» ce qu'on fait en les mettant dans
» des vaisseaux convenables qu'on
» ensévelit dans ce mêlange ».

Il ajoute dans un autre endroit :
« Mais quoique la neige & le sel
» mêlés ensemble produisent plus
» sûrement de la Glace que la
» neige seule, il ne faut cepen-
» dant pas croire que le sel marin
» ait une qualité particuliere, en
» vertu de laquelle il communi-
» que à la neige cette propriété ;
» il y a plusieurs autres sels qui
» produisent avec elle le même
» effet ; car l'expérience nous ap-

» prend qu'on peut faire geler
» l'eau fans le fecours du fel ma-
» rin : en fubftituant à la place du
» nitre, de l'alun, du vitriol, du
» fel ammoniac, & même du fu-
» cre, on produira toujours de la
» Glace en mettant quelques-uns
» de ces fels avec la neige ; ce-
» pendant ils ne paroiffent pas
» tous également efficaces, il n'y
» en a même pas un qui le foit
» autant que le fel marin ». A la
page 269. « Quoiqu'il paroiffe
» qu'on s'accorde généralement
» à croire que la neige eft effen-
» tiellement néceffaire pour ces
» expériences, & que j'aie été en-
» traîné avec tout le monde dans
» cette opinion ; cependant j'ai
» découvert par un grand nombre
» d'expériences, que la Glace pi-
» lée pouvoit lui être fubftituée,
» & peut-être même lui être pré-
» férée dans certaines occafions ».

Si M. Boyle a cru être l'Auteur

de cette découverte, il n'avoit pas apparemment connoissance des Ouvrages de M. Bacon & du Pere Kirker, qui bien long-tems avant lui ont fait mention, que la glace & le sel étoient le principe le plus certain pour les congelations; mais il est vrai qu'il trouva le sel ammoniac que nous reconnoissons pour le plus efficace, & qui produit le refroidissement le plus prompt.

M. de la Hire, en 1673, fit un Traité sur la formation de la Glace; il dit peu de chose des congelations artificielles, mais il ne sçait rien de l'origine.

Chardin qui voyageoit dans l'Orient en 1674, a remarqué la maniere de faire refroidir les boissons dans des vases poreux; il dit que le vent chaud refroidit les liqueurs, & que le vent froid les échauffe.

M. Binos, Médecin, qui a vécu

très-long-tems aux Indes dans les États du Grand Mogol & dans la Perse, nous a confirmé tout ce qui avoit été dit des vases poreux, nommés *gourgoulettes* ; il en apporta deux, qu'il donna à M. Rouelle, & il assûra que le salpêtre étoit en usage parmi les plus considérables du pays.

En 1700, M. Geoffroy lut à l'Académie des Sciences les expériences qu'il avoit faites, pour s'assûrer des degrés de froid que les sels & acides produisent, mais il n'a rien dit de l'origine des congelations artificielles.

M. Homberge qui a traité des refroidissemens, n'en dit pas plus que M. Geoffroy.

En 1714, Paul Lucas qui voyageoit par ordre de Louis XIV. fait mention que, quoique dans l'Orient, il n'y ait ni glace ni neige, au Caire on a un secret pour rafraîchir l'eau dans des vases, qui

n'étoit

n'étoit autre que ceux que je viens de citer ci-devant.

M. Godeheu a fait la Description de la maniere dont les Chinois font rafraichir leurs boissons ; mais c'est la même que dans les autres parties des Indes.

Les Chinois, si industrieux dans les sciences & beaux-arts, furent très-étonnés lorsqu'ils virent pour la premiere fois la maniere de congeler les liqueurs par le moyen des sels ou salpêtre ; ils en furent dans le plus grand étonnement, & ne comprirent pas ce phénomene.

Tout ce que disent ces différens Auteurs nous prouve bien qu'il est impossible de remonter à l'antiquité des vases poreux & du salpêtre pour les refroidissemens artificiels, de même on ne peut sçavoir comment c'est établi cet usage en Europe ; bien de personnes ont cru qu'il avoit

B

passé de ces pays dans le nôtre, ce qui aura fait que les premiers Physiciens qui en ont traité ne se sont point occupés du principe, & qu'ils n'ont cherché que la cause qui produit les congelations.

On voit donc bien par-là qu'il n'est pas possible de remonter aux premieres expériences des congelations, & qu'il seroit inutile de faire des recherches plus grandes; il faut passer à un tems plus moderne, & nous trouverons des hommes qui ont corrigé ce que leurs prédécesseurs avoient laissé dans le même état dès l'origine, sans s'occuper de rendre ces rafraîchissemens agréables, tant par la maniere de les composer, que par la façon de les travailler pendant la congelation, & les faire au point d'être nommées *délicieuses & parfaites*.

Lorsque l'on eut trouvé un degré de froid suffisant pour congeler les liqueurs, on les fit prendre dans des boëtes d'étain & de plomb, sans les tourner ni les travailler, ainsi que nous faisons les fromages aux épingles, ou à l'Angloise.

Ces congelations étoient nommées *des Glaces rares*, & on ne les servoit que dans les repas les plus somptueux, malgré qu'elles n'étoient que des eaux de fruits moins bonnes que nos limonades, eaux de groseilles, fraises ou framboises ; mais la maniere de les congeler surprenoit beaucoup plus que la bonté de ces Glaces rares : il sembloit aux yeux des gens crédules qu'il y avoit du surnaturel dans cette opération ; ce qu'ils voyoient avec toute la surprise possible.

Ensuite on fit prendre les compositions dans des moules de forme ronde, & on s'avisa de les tourner; ce qui a très-bien réuſſi, parce que cette agitation produit un air froid qui chaſſe toute matiere ſubtile, & rend la congelation plus prompte; par la même raiſon que lorſqu'il gele, & qu'il fait du vent, le froid eſt plus ſenſible & glace plus promptement les liquides.

Bien de gens ont l'idée que le vent eſt contraire aux congelations naturelles; mais il y a un milieu à cela; les grands vents ſont dans ce cas; mais les vents qui n'ont pas grande priſe ſur les liquides, ne les agitant pas, en chaſſent plus facilement la matiere ſubtile & les glacent.

Nous devons à M. de Réaumur le premier travail des congelations; il fit remarquer que la maniere de faire des Glaces ſe perfectionnoit chaque jour, que l'on leur donnoit telle figure que l'on vouloit, que l'on en formoit des

fruits à qui on donnoit leurs couleurs naturelles, mais qu'il falloit trouver le moyen de les rendre moins durs. Il fit cette observation, *Histoire de l'Académie des Sciences 1734*, pages 178 & 179 : « Les
» Glaces destinées à nous être ser-
» vies, dit-il, ne doivent pas avoir
» la dureté des morceaux de gla-
» ce, nous les voulons sembla-
» bles à la neige. Pour louer mê-
» me des glaces bien faites, nous
» les appellons *des neiges* ; on sçait
» que l'eau qui touche les parois
» du vase, se gele la premiere ;
» c'est l'endroit le plus proche des
» matieres qui produisent les ra-
» fraîchissemens, & l'endroit qui
» se refroidit le premier : pour par-
» venir à avoir de la Glace rare,
» de la Glace en neige, il faut
» ratisser de tems en tems avec la
» lame d'un couteau, ou avec
» quelqu'autre instrument équi-
» valent, la couche de la Glace

» qui s'eſt formée contre les pa-
» rois intérieures du vaſe ; on la
» diviſe ainſi en petites parties,
» qui viennent nager dans la li-
» queur : plus on eſt attentif à ra-
» tiſſer ſouvent, plus on emporte
» des couches minces, & mieux
» on réuſſit à avoir une Glace bien
» en neige. Si les matieres qui
» produiſent le froid, produiſent
» trop ſubitement un froid exceſ-
» ſif, & que les couches épaiſſes
» ſe forment trop vîte, on ne
» réuſſit pas à faire une Glace ſi
» parfaite ».

Il avoit bien raiſon de faire cette obſervation, parce qu'en effet les Glaces dans ce tems étoient comme des glaçons ; on faiſoit les compoſitions avec beaucoup d'eau, un peu de fruit & de ſucre en poudre.

L'eau qui eſt facile à ſe geler, eſt pour-lors la plus dure des liquides, & faiſoit la plus grande partie de ces Glaces rares.

Cependant cet usage a subsisté long-tems, sans que l'on fît attention à rendre ces Glaces au point qu'elles sont aujourd'hui.

On a fait ensuite les compositions avec moins d'eau, & plus de suc de fruit, & toujours du sucre en poudre ; mais l'eau avec les parties aqueuses du fruit formoit toujours des filets de Glace.

Nous avons substitué à tout cela de faire cuire le sucre, ce qui a très-bien réussi, comme on le verra à son Article.

Voilà tout ce que je peux sçavoir sur l'origine des congelations ; remarquez, selon ce qui en est dit, que ce n'étoit que des morceaux de Glace durs & concrets, & que la maniere de les faire à présent est bien supérieure.

PRINCIPE

Le plus certain pour définir la formation des congélations artificielles.

IL est prouvé par les plus célebres Physiciens, qu'il y a du feu dans toute la nature, c'est-à-dire dans tous les corps, tant solides que liquides.

Il est vrai que les avis ont été partagés sur son être ; les uns ont prétendu que le feu étoit un esprit, les autres ont prouvé qu'il étoit une matiere, d'autres enfin que le feu est un esprit & une matiere ; mais tous se sont rapportés sur la certitude qu'il y en a dans toute chose.

Ainsi il faut partir de ce principe, & voir ce qui a été dit sur la propriété des sels & nitres pour la congelation des liqueurs, & les différentes opinions des Physiciens sur ce phénomene.

Observez donc que, puisqu'il y a du feu dans tous les corps, tant solides que liquides, il y en a dans la glace & dans les sels, ce qui a été prouvé par quantité d'expériences que les plus habiles Physiciens ont faites.

Le Chancelier Bacon a dit que la cause qui produit le froid, ou qui l'augmentoit, étoit les esprits contenus dans les corps froids : il a donc voulu dire le feu contenu dans les sels & dans la glace, puisque l'on est sûr qu'il y en a.

M. de la Hire, dans son *Traité de la Glace* en 1680, attribue la formation de la Glace à un sel volatil, qui se répand dans l'air & qui condense tout ce qu'il approche : il prétend, dans ce Traité, que les molécules de l'eau s'accrochent autour de ce sel, ce qui

B v

forme les filets de Glace, & qui congele le reste du liquide.

M. Muschembroeck a prétendu que la cause des grands froids d'hiver est occasionnée par un sel aërien répandu dans l'atmosphere qui chasse la matiere subtile des interstices des liquides, & se logeant à la place, rapproche les parties intégrantes, les unit & les condense.

Les Chymistes démontrent que l'air est chargé d'un grand nombre de sels, & qu'ils fournissent un acide vitriolique ; ce qui aura donné lieu de dire, qu'il y avoit un sel ou nitre aërien qui glace les liquides.

M. Lemery a été de l'avis que, » dans les sels employés à la con- » gelation, il y avoit quelques par- » ties volatiles, pénétrantes, inci- » sives, qui s'insinuent dans les » pores de la Glace ».

Nombre de personnes ont cru

pouvoir avancer, qu'il y a une matiere active froide, qui glace tous les liquides sur lesquels elle pese.

S'il y avoit un sel ou nitre aërien, il y auroit donc un sel ou nitre subtil dans le sel ou salpêtre que l'on emploie pour les congelations, qui perceroit les pores des métaux pour congeler nos liqueurs : je ne m'en suis jamais apperçu, telle attention que j'aie faite pour m'en assûrer, & convaincre ceux qui ont voulu me dire que le sel ou nitre perce, & qu'il se mêle aux compositions ; ce qui a fait dire aux personnes peu éclairées, que les Glaces étoient mal saines.

Toutes ces opinions du nitre aërien, du sel volatil, & de la matiere active froide des parties calorifiques ou frigorifiques (idée imaginaire), ont été combattus par la vérité du contraire.

Il a été prouvé que la fluidité

des différens liquides ne provient que de la matiere subtile qui en occupe les interstices, les faisant mouvoir, conserve leur mobilité, & que leur congelation ne provient que par les vents de la Zône Glaciale, qui nous produisent un moindre chaud ou froid, dont l'être est purement négatif, qui écarte la matiere subtile des interstices, pour-lors les molécules qui s'en trouvent dépourvues, se rapprochent & se gelent.

M. Dortous de Mayran, dans son *Traité de la Glace*, a recours à la matiere subtile qui conserve la liquidité des fluides, & dit que ses liquides ne se congelent que lorsqu'ils sont privés de cette matiere subtile : mais il dit que le refroidissement artificiel n'est occasionné que par la fonte réciproque de la Glace, & du sel ou salpêtre. Plusieurs Physiciens ont été du même sentiment. Toutes ces difficultés ont engagé à considérer plus soigneusement ce phénomene.

Voyez ce que dit M. l'Abbé Nolet sur la congelation artificielle, & partons des principes de ce célebre Physicien, à qui on doit mille recherches utiles & curieuses, qui sans cesse s'occupe à étudier les phénomenes de la Nature, & les ressorts par lesquels tout agit, sans contredit le plus sage & le plus juste à rendre les choses sensibles, & à trouver le sens le plus intelligible pour les faire comprendre au point qu'il n'est pas possible de douter des faits. D'après ses expériences, vous verrez avec quelle précision il explique ce phénomene, & comme il observe le mouvement des deux parties.

Je me servirai du principe le plus certain, & dirai, comme l'a prouvé M. l'Abbé Nolet, que c'est par la privation du feu élémentaire qui est contenu dans la Glace & dans les sels que le choc du mélange chasse, & qui pour-lors demeure très-froid, se trouvant dépourvu de toute la matiere subtile, au point de congeler les liqueurs; & non pas croire que la congelation se forme par la dissolution réciproque des deux parties, comme l'ont voulu prouver plusieurs Auteurs.

PRINCIPE

Pour s'assurer que c'est par la privation de la matiere subtile que le mélange de Glace & de sel demeure très-froid.

LE sel qui se crystallise par la chaleur du Soleil, ou, par évaporation, sur le feu, se sépare de toutes ces parties aqueuses, & conserve en lui dans ses interstices ou locules, une quantité de matiere subtile, qui se déploye lorsqu'on le mêle avec de la Glace Glace pilée.

En pilant la Glace, elle reçoit un certain degré de chaleur, comme quand on plane des métaux qui s'échauffent sous les coups du marteau.

Ce même effet arrive à la Glace; ce qui lui produit de l'humidité, & qui occasionne un frottement lorsqu'on la mêle avec du sel : ce frottement excite la matiere subtile contenue dans les deux corps, à se mouvoir par le choc qu'ils reçoivent réciproquement, lorsqu'on les mêle ensemble : ce choc est si violent, qu'il ébranle tous les pores des deux parties, & donne au feu qu'ils contiennent un nouveau degré d'activité ; ce qui occasionne un craquement & pétillement, lorsqu'on les mêle ensemble.

Ce mouvement ne peut être attribué qu'au feu intérieur qui se déploye, casse & brise les locules où il est contenu, pour s'exhaler.

On peut comparer l'action du feu, dans le mélange du sel & de la glace, au pirophor, qui s'enflamme plus promptement par l'humidité de l'air, ou la sueur de la main, que lorsqu'il est très-sec.

Si on l'observe avec attention, on lui voit faire le même mouvement que le mélange de sel & de glace ; à mesure que la matiere subtile prend un degré d'activité, il remue souvent, pétille & saute par éclats. La chaux vive nous fait voir un même effet ; lorsque l'on jette dessus un peu d'eau, elle s'écarte, saute & bouillonne jusqu'au moment qu'elle est privée de la plus grande partie de la matiere subtile qu'elle contient.

Il en est de même du choc de deux corps durs, ou le frottement continuel, qui fait échapper quantité de feu, comme la machine électrique, le frottement de l'acier sur une meule de grès, l'échappement des roues, ou les fers des chevaux sur le pavé, le choc du briquet sur la pierre. On voit ce feu élémentaire clair & brillant, parce qu'il s'est séparé de toute humidité, & que c'est deux corps secs qui le produisent; observez que notre mêlange est humide, & que le feu ne se fait voir que sous la forme d'une vapeur qui s'exhale.

Ces deux corps, par le choc qu'ils reçoivent, se trouvent dépourvus de la matiere subtile; ils sont bien plus froids qu'avant leur mêlange, & par degré le refroidissement augmente jusqu'au moment que la fonte a produit trop d'eau, pour-lors le mêlange reprend la température de l'air.

Si la congelation n'est pas finie, il faut lâcher l'eau, & renouveller de sel ou salpêtre & de glace, pour entretenir le degré de froid; ce qui assure bien qu'il n'y a que le moment du choc qui produit l'effet. Ce second mêlange acheve de chasser le peu de matiere qui reste, & pour-lors le degré de froid est considérable; il peut être comparé à celui de 1709.

Quelque chose qu'il faut remarquer pour s'assurer de l'évaporation de la matiere subtile, c'est lorsque l'on fait prendre les compositions; si le tems est clair, beau, froid ou chaud, c'est-à-dire propre à l'évaporation, la congelation se fait facilement, toutefois que les liqueurs sont bien préparées, & l'on voit une vapeur qui s'exhale du mêlange de la glace & du dedans des sarbotieres.

Si au contraire le tems est pluvieux, neigeux, orageux, les compositions ne prennent que très-difficilement ; & si on les abandonne un moment, elles fondent, & la liquéfaction est prompte, quoique bien entourées & couvertes de glace, de sel ou salpêtre ; même les moules de fruit, ou tous autres qui sont couverts de quantité de glace & de sel qui restent dans cet état trois & quatre heures, ne sont jamais si fermes que lorsque le tems est beau, froid ou chaud ; & on ne voit point cette vapeur s'exhaler : ce qui nous prouve l'évaporation de la matiere subtile.

Pour m'assurer que c'est le feu subtil qui s'exhale dans la vapeur que l'on voit, j'ai mis mes mains plusieurs fois, en différentes saisons, au-dessus du mêlange de sel & de glace ; après avoir observé qu'elles soient d'une température égale, telle que l'eau de puits qui paroît chaude en Hiver & froide en Eté, quoiqu'elle soit tempérée en toutes saisons, j'ai trouvé que cette vapeur est d'une température douce, & l'on ne croiroit pas qu'elle vienne d'un mêlange froid.

L'écume qui se forme à la surface du mêlange, est bien une certitude de fermentation ou effervescence ; pour peu qu'on l'agite, on le voit mousser comme l'eau battue le long des rochers.

L'expérience que fit M. Cullen, est une preuve bien certaine, que les refroidissemens ne sont occasionnés que par la privation du feu élémentaire : après avoir pompé l'air de la machine pneumatique, il mit dedans un thermometre, & la liqueur a descendu, se trouvant dans le vuide.

Nous sommes certains qu'il y a du feu dans l'air ; par conséquent lorsqu'il n'y a plus d'air dans la machine pneumatique, il n'y a plus de feu, le vuide se trouve froid, ce qui fait descendre la liqueur du thermometre, & doit convaincre que la congelation ne se forme que par la privation de la matiere subtile, qui est ce feu élémentaire.

Tout ce que j'ai cité est certain, on peut en faire les expériences ; mais quelque chose qui

coute quatre francs la livre ; le sel gemme ou sel fossile, produit un froid aussi grand, mais c'est le même prix.

M. Farenheit, célebre par ses thermometres, en 1729 trouva un degré de froid très-grand avec l'esprit-de-nitre, mais on ne peut s'hasarder de s'en servir pour nos congelations.

Voilà les trois seuls moyens de se procurer un grand degré de froid, mais il y a de l'impossibilité par la cherté des uns & le risque de l'autre.

M. de Réaumur a prétendu que la potasse produit le froid plus grand de deux degrés que le sel, & qu'elle coutoit moins ; mais la potasse coute douze à quinze sols la livre.

Je m'en suis servi, & j'ai trouvé que la congelation étoit lente, & le degré de froid moindre qu'avec le sel. Je préfere le salpêtre brut à la potasse; il vaut mieux, & la congelation est bien plus prompte.

Ainsi servez-vous de sel marin qui est le sel ordinaire, ou de salpêtre brut; ce sont les deux plus sûrs moyens pour la congelation après les sels ammoniac & gemme.

EXPLICATION

EXPLICATION

Du salpêtre artificiel, c'est-à-dire, de celui que l'on fait à l'Arsenal de Paris.

BIEN des personnes croient que le salpêtre raffiné accélere la congelation plus que le brut, qui est de la premiere cuite; c'est tout le contraire.

La raison qui le prouve, c'est que l'on ne raffine le salpêtre que pour le séparer de toute partie saline dont il est chargé.

M. de Réaumur a dit que pour s'assurer de la bonté de la poudre à canon, il falloit la mettre avec de la glace pilée, & plonger un thermometre dans ce mêlange: si la liqueur descend de deux degrés au-dessous de zéro, terme de la congelation, la poudre n'est point parfaite, & le salpêtre avec lequel elle a été faite, étoit trop chargé de parties salines.

On voit par cette expérience que le salpêtre brut est plus chargé de parties salines que le raffiné, & que c'est en qualité de sel qu'il est efficace pour la congelation de nos liqueurs ; il faut donc se servir de celui qui est de la premiere cuite, parce qu'il est plus chargé de parties salines.

Dans les pays où il y a du salpêtre naturel, on peut en faire usage avec succès ; mais je ne peux rien dire de l'effet, je ne m'en suis jamais servi à Paris. Suivez le vrai principe, qui est le sel marin & le salpêtre brut ; l'un & l'autre, il faut qu'ils soient bien secs, ils ont plus d'efficacité pour nos congelations.

EFFET DE L'AIR

Sur les Barometres, comparé à un même effet sur les congelations.

J'AI dit à la page 35, que le tems influe beaucoup sur les congelations, c'est un fait certain; & vous remarquerez un changement subit lorsque vous ferez prendre quelque composition : si le tems change, c'est-à-dire, s'il arrive quelque changement dans l'atmosphere, comme pluie, orage, neige, il n'est pas facile d'expliquer par quel mouvement ce changement se fait, & cause un ralentissement aux congelations; mais il est très-sûr que lorsque le vif-argent du barometre baisse, la congelation se ralentit; il y a apparence que c'est par le même phénomene qui ne peut être attribué qu'à l'air qui devenant plus léger, n'a plus la même force de soutenir les vapeurs qu'il a pompées ; pour-lors toutes ces vapeurs répandues dans l'atmofphere, se réunissent, n'étant plus soutenues par l'élasticité & la force de l'air ; les plus élevées tombent les unes sur les autres, remplissent l'atmosphere d'une humidité qui annonce un prompt changement, & empêche l'évaporation.

De même vous observerez lorsque le vif-argent monte promptement dans le tube du barometre, ou qu'il se soutient à la hauteur marquée *sec* ou *beau*, que le tems est en effet beau, l'air est pour-lors très-lourd, & par sa force élastique soutient les vapeurs, l'évaporation se fait facilement, & vos congélations par cette évaporation se formeront promptement.

EXPLICATION

*De la nature des différens liqui-
des, que l'on emploie pour les
Glaces.*

POUR bien comprendre les congelations, il est à-propos de connoître la nature des différens liquides que l'on emploie dans les compositions que l'on congele, attendu qu'il y en a qui prennent plus facilement les unes que les autres, & même souvent se séparent pendant la congelation des sucs avec lesquels on les a mêlés; & comme c'est de l'union des liquides que dépend le fini des Glaces, il faut des connoissances sur leur fluidité.

Les Physiciens nous représentent les liquides comme des assemblages de molécules d'une extrême petitesse de forme indéfinie ; même ils assurent que les parties intégrantes de certains liquides, comme l'eau & le vin, sont mille fois plus petites que le plus petit grain de sable que l'on puisse voir avec une loupe.

Et que les molécules de la matiere subtile qui en occupe les interstices, sont un million de fois plus petits.

Il y a de quoi se perdre dans ces infiniment petits ; mais il faut partir de ce principe, pour comprendre plus facilement la possibilité des congelations.

Ils prétendent de même que les molécules des différens liquides sont plus ou moins grosses, ce qui les rend plus ou moins poreuses ; & les plus petites pénétrent facilement les pores des autres, & s'insinuent plus intimement, ce qui fait l'union des compositions, & qui les rend grasses & moëleuses.

De l'Eau.

Il faut considérer l'eau comme le premier des liquides, sans goût ni odeur, le plus facile à se glacer, même étant mêlée avec des sucs de fruit; si on ne la fait pas bouillir avec du sucre, elle se sépare des mélanges pour se congeler la premiere.

Ce qui fait qu'il faut la couper avec du sucre clarifié avant que de l'employer, & les faire bouillir, parce que le feu la rend plus fluide, & elle se laisse mieux pénétrer par le sucre; pour-lors elle ne peut se séparer facilement, & le travail empêche tout-à-fait la désunion.

Si on n'a pas cette précaution, les Glaces, dans lesquelles on en mettra, seront seches, sableuses; & la premiere croûte, qui se formera aux parois de la sarbotiere, ne sera que l'eau que l'on y aura mise.

Ce n'est qu'après bien des expériences & des recherches sur les moyens de rendre les Glaces parfaites, que l'on a trouvé que l'eau étoit la seule cause des duretés & filets de Glace que l'on trouvoit dedans, & qu'il falloit la faire bouillir avec du sucre avant de l'employer.

Et par ce moyen on est sûr de bien réussir, si l'on fait attention à ce qui est dit, tant pour les composer, que pour les faire prendre.

Des Liqueurs spiritueuses.

Après quantité d'essais sur la congelation des liqueurs spiritueuses, j'ai trouvé qu'il étoit impossible d'en faire de bonnes Glaces, par la raison que tout ce qui est spiritueux ne peut perdre sa mobilité, à tel degré de froid que l'art puisse produire : pour en donner une preuve bien certaine; obſervez la nature des liqueurs ſpiritueuſes, & vous verrez la vérité de ce que j'avance.

Du Vin.

On eſt certain que le bon vin ne gele qu'en partie, & que l'eſprit qu'il contient ne perd jamais ſa fluidité ; & qu'à meſure que le flegme gele, l'eſprit ſe réunit dans le centre du vaiſſeau qui le contient ; & ſi l'on veut, par le travail, forcer cette liqueur ſpiritueuſe à ſe loger dans les interſtices de ſon flegme glacé, le tout vient comme une neige à moitié fondüe.

De l'Eau-de-Vie.

Le vin ne gelant qu'en partie, l'eau-de-vie qui contient plus d'eſprit & moins de flegme, gele en core moins, & le degré de froid produit par le mélange de glace & de sel ne peut la congeler ; il se forme quelques filets, mais c'est bien peu de chose.

De l'Esprit-de-Vin.

Le bon esprit-de-vin bien rectifié, séparé de tous flegmes, est pour-lors très-léger, & tout pénétré par la matiere éthérée, & par cette raison il ne peut se condenser, parce que le froid ne peut pas le priver tout-à-fait de la matiere subtile qui fait toute sa fluidité.

Et même s'il y a des preuves que l'esprit-de-vin a gelé sous la Zone Glaciale, il n'étoit pas prouvé qu'il étoit bien rectifié.

Ainsi voilà une preuve bien convaincante, que le bon vin ne gele qu'en partie, que l'eau-de-vie gele très-peu, & que l'esprit-de-vin ne gele jamais.

Il faut donc pour congeler ces liqueurs, les mêler avec de l'eau coupée de sucre très-léger par gradation plus ou moins, selon la qualité des liqueurs que l'on emploie.

Pour-lors l'eau que l'on ajoute, diminue le goût, la qualité, & le parfum; la glace les diminue encore: M. Geoffroy l'a prouvé, *voyez* Histoire de l'Académie des Sciences, année 1713, *p. 39.*

On me dira que l'on met du sucre dans les compositions; mais le sucre ne donne que de la douceur, & non de la qualité; il ne peut rendre aux liqueurs leur goût naturel.

Preuve.

Je dirai plus, les vins que l'on sert à table, si on les laisse trop long-tems à la Glace, ils perdent de leur qualité, & on sent facilement la différence d'une bouteille qui y a trop resté d'avec une qui n'y a pas été, en les buvant trois ou quatre heures après, à même température ; & même les bons gourmets sentent dans le moment que le vin a trop resté à la Glace.

Autre preuve.

Mettez une bouteille de vin dans une sarbotiere ; forcez-la de glace & de sel, & la tournez long-tems ; après, ouvrez la sarbotiere, vous trouverez attachée à la paroi une croûte épaisse, selon la qualité du vin.

Otez cette croûte & la goûtez, le goût sera insipide comme de l'eau, parce que c'est le flegme qui n'est que de l'eau qui s'est glacée, & la meilleure partie du vin se rassemble dans le centre.

Otez cette croûte qui s'est formée, rebouchez la sarbotiere & continuez de tourner, il vous sera impossible de condenser le reste, qui n'est que l'esprit du vin.

Faites autrement, préparez une composition de quelques liqueurs spiritueuses, & la faites prendre; tournez long-tems sans la détacher, ouvrez ensuite la sarbotiere, & vous verrez un croûte qui est attachée aux parois, & l'esprit de la liqueur dans le centre aussi fluide que si l'on le sortoit de la bouteille.

Le travail force ce spiritueux à se loger dans les interstices de ce qui est congelé ; mais ce ne sont jamais de bonnes Glaces, elles sont lourdes, mattes, molles & glaçonneuses, par l'impossibilité de l'union. *Voyez* ce que dit M. l'Abbé Nolet, *Tome IV. p. 128 & 130.*

On peut excepter d'entre tous les vins & liqueurs ceux qui sont faits ou composés avec des fleurs, fruits, bois ou végétaux, dont les goûts sont très-forts ; & si on les mêle avec des jus de citron & de l'eau pour les pouvoir congeler, ils perdent peu de leurs goûts naturels, & laissent un goût suffisant au mélange, & avec l'aide du sucre, on peut en faire des compositions un peu gracieuses : telles sont les Glaces de Marasquin & l'Eau de Créole.

De tous les ratafiats, il n'y a que celui de fleurs d'orange duquel on puisse faire usage, parce que pour soutenir le goût du ratafiat, on met un peu de marmelade de fleurs d'orange, pour-lors l'eau que l'on met ne diminue que l'esprit de la liqueur, sans diminuer le goût du ratafiat.

De tous les vins, il n'y a que le muscat duquel on puisse faire usage ; encore faut-il le mêler avec une infusion de fleurs de sureau. En général, il n'y a que ces quatre sortes de Glaces qui conservent le même goût, avec lequel on les a composées : il est très-certain qu'il vaut mieux boire les vins ou liqueurs d'une fraîcheur modérée, que d'en faire de mauses Glaces.

Cependant je donnerai la maniere d'en faire, crainte que certaines personnes n'en veuillent malgré les raisons alléguées.

De la créme.

La créme provient du lait : elle en est la partie butireuse la plus légere, la plus délicate, d'un goût agréable & moëlleux.

Elle nous produit d'excellente Glace ; on lui donne tel goût que l'on veut, on l'emploie de deux façons, crue & cuite.

Cette derniere est la meilleure, parce qu'en la faisant cuire, on fait évaporer la partie séreuse, nommée *petit-lait*, qui est considérée comme de l'eau; & lorsque la crême s'en trouve chargée, elle ne prend que par filets, ou elle graine; ce qui fait un mauvais effet.

Lorsque la congélation est faite, on voit qu'elle n'est prise que par grumeaux, ce qui n'est pas agréable au coup-d'œil ni au goût.

Hors qu'en la séparant de cette partie aqueuse, & que l'on l'a fait épaissir avec quelque jaune ou blanc d'œuf, & la conduire doucement; comme il est dit à l'Article de la préparation ci-après, vous aurez des Glaces qui seront comme un beurre glacé, grasses, moëlleuses & délicates.

Si l'on a soin d'ajouter à la crême un goût agréable, c'est la chose la plus parfaite.

A l'égard de la crême, pour les crêmes crues, nommées *vierges*, il faut la choisir double, bien séparée du lait: comme elle ne va pas sur le feu, le peu qui pourroit rester forme des filets de Glace, & la fait grainer ; ce n'est qu'en la séparant le plus qu'il est possible du lait, qu'on en fait des Glaces fines.

Des sucs acides.

On nomme *acide* tout ce qui pique la langue, & cause un sentiment d'aigreur dans la bouche : tels sont les syrops de vinaigre, les sucs de citron, d'orange, de groseille, d'épine-vinette.

Les acides ne sont pas faciles à congeler seuls ; mais comme leurs sucs se mêlent facilement avec le sucre & l'eau, l'un & l'autre diminuent leur aigreur, & le goût en devient plus agréable, & l'on en fait des Glaces très-recherchées.

La douceur du sucre proportionné aux acides, fait un goût

que bien des personnes préferent même pour leur tempérament.

Il y a quelques observations à faire, ce qui sera dit à chaque Article des compositions où les acides seront employés.

D'entre tous les sucs acides, le jus de citron est d'un grand secours pour plusieurs compositions; on l'emploie avec succès pour relever le goût de certains fruits qui sont fades ou trop mûrs; & pour leur donner plus de saveur, on y met du jus de citron qui en releve le goût. L'Hiver, dans les compositions qui sont faites avec des marmelades, dont le feu ou les mauvais sucres ont donné un goût de vieux, le citron ôte ce goût, & rend la composition comme dans le primeur du fruit. On peut mettre du jus de citron dans la plus grande partie des compositions de fleurs, de fruits & de liqueurs, pourvû qu'on le mêle modérément, parce qu'il est très-possible que dans une composition il y en entre plus ou moins. Ce qui arrive souvent, parce que les fruits sont plus ou moins mûrs, ou que les citrons sont plus ou moins gros, ou qu'ils ont plus ou moins d'acides ; ce qui fait que lorsque je dirai d'en mettre, si vous avez peu de composition, ne mettez que la moitié, & goutez souvent crainte d'en trop mettre : un peu fait bien, mais la quantité change le goût naturel des fruits ; ce qu'il faut éviter.

Quoique j'aie marqué à chaque composition, le plus juste qu'il m'a été possible, ce qu'il en faut ; malgré cela, faites-y toute l'attention possible.

Du Sucre.

PErsonne n'ignore que le sucre est une substance douce, agréable au goût, blanche & solide, il est nommé *sel doux* : il est difficile de prescrire le tems auquel il a commencé à paroître sous une forme concrete; il est pourtant certain que les anciens l'ont connu; puisqu'au rapport de Théophraste & de Pline ils faisoient usage d'un suc de certains roseaux qui vraisemblablement étoient des cannes à sucre.

Mais nous ne voyons point que l'antiquité ait possédé l'art de cuire ce sucre, de le condenser & de le réduire en une masse solide & blanche, comme on le fait aujourd'hui. *Voyez* ce que dit le P. Labat dans sa *Relation des Isles Antilles.*

C'est par le secours de cette précieuse substance que nous faisons avec succès toutes sortes de compositions pour les Glaces; c'est par sa douceur qu'on diminue les goûts amers ou acides, qui ne pourroient être employés, si l'on n'avoit pas ce sel doux.

La maniere d'employer le sucre dans les compositions de fleurs & de fruits, c'est de le bien clarifier & de le faire cuire, parce que l'activité du feu dilate & rend l'eau & le sucre plus fluides ; ce qui fait qu'ils se mêlent plus intimement l'un avec l'autre, & se pénétrant réciproquement forment un syrop plus ou moins épais, selon comme on le cuit ; & la congelation ne peut désunir ces deux parties tant elles sont mêlées étroitement l'une avec l'autre : étant pour-lors cuite par gradation, selon l'usage que l'on en veut faire, on en fait des Glaces moëlleuses, & l'on ne sent point ses duretés ni filets de Glaces, comme dans l'origine de ces précieux rafraîchissemens.

J'ai marqué les différentes cuites du sucre, selon l'emploi

que l'on veut en faire, parce que dans les compositions des fruits charnus, comme d'ananas, d'abricots, pêches, pavies, brugnons, fraises, framboises, il faut du sucre très-léger pour ne pas mettre d'eau, ce que je défends bien.

Et dans les compositions des fruits à jus, comme de groseilles, raisins, verjus, citrons, oranges, cédras, bigarades & limes, il faut le sucre plus cuit, ce qui est dit à chaque composition : pour tous les fruits de Provence, ne vous servez jamais de sucre chaud ; il faut le clarifier deux ou trois heures avant de l'employer, parce que le sucre chaud rend les Glaces de ces fruits ameres ; de même qu'il ne faut pas laisser le zeste infuser plus de cinq ou six minutes, parce que plus long-tems il porte à l'amertume. Faites attention à zester bien finement tous ces fruits, & à ne point entamer le blanc ;

il ne faut que la superficie de la peau, comme de l'orange, citron, cédras, lime, bergamote, bigarade.

Dans les Glaces de crême crue ou cuite, il faut mettre du sucre en poudre. Dans le sucre clarifié il y a de l'eau, ce qui désunit les parties grasses de la crême, & la fait grainer, attendu que l'eau est pour elle une matiere étrangere qui se congele séparément.

Hors que le sucre en poudre se fond & se dissoud par l'humidité de la crême, & pour-lors ce n'est plus qu'un corps uni, gras & délicat.

Il ne faut pas croire que le sucre soit hors d'eau, quand il est au grand lissé ou au perlé, parce qu'il n'est hors d'eau qu'au petit boulet, qui est la cuite, pour le condenser, duquel on se sert dans les Raffineries, selon les qualités des cassonades qu'ils employent.

Maniere de clarifier le sucre.

Mettez dans une poële ou terme un blanc d'œuf, & un demi-verre d'eau, fouettez le tout ensemble avec un fouet d'osier; lorsqu'ils seront bien en mousse, ajoutez-y de l'eau trois ou quatre pintes, & fouettez toujours : après cela, cassez du sucre par petits morceaux, & le mettez dans la poële pour le clarifier; jettez dessus l'eau au blanc d'œuf une suffisante quantité, pour qu'il puisse fondre, mais ne le noyez pas; mettez la poële sur le feu, & faites fondre le sucre avec l'écumoire. Tout étant bien fondu, laissez venir doucement l'écume dessus : lorsque le sucre s'élevera comme du lait, jettez dedans un peu d'eau au blanc d'œuf ; ne le remuez plus, laissez-le remonter un seconde fois, jettez un demi-verre

verre d'eau claire sans œuf dedans, & laissez remonter une troisieme fois ; pour-lors descendez la poële de dessus le feu, ôtez l'écume, & remettez-la sur le bord du fourneau, pour que le sucre bouillé & chasse toute l'écume d'un seul côté de la poële; ôtez-la à mesure. De cette façon le sucre devient d'un fin clair, transparent : s'il ne devient pas clair, c'est que vous aurez mis trop d'eau ; laissez-le bouillir long-tems, il deviendra clair : tâtez ce sucre, s'il est à la premiere cuite; pour cet effet trempez-y le bout du premier doigt, & l'appuyez contre le pouce ; si vous sentez la cuite grasse entre les deux doigts, c'est le premier point du sucre, que l'on nomme le *petit lissé*.

Il faut, en l'ôtant du feu, le passer au-travers d'une serviette mouillée pour le dégraisser.

Sucre au grand lissé.

Pour le cuire au grand lissé, il faut le remettre sur le feu, & continuer de lui donner quelque bouillon; retrempez le doigt dedans, si vous le sentez une fois plus gras, c'est le grand lissé.

Le Perlé.

Le perlé suit le grand lissé: vous faites cuire le sucre quelques bouillons de plus, & vous faites le même essai; si vous le sentez gras & collant entre vos doigts, c'est ce que nous nommons le *perlé*. De-là nous passons à la petite plume, il y a bien ce que les anciens Officiers appelloient la *petite & la grande queues de cochon*, mais nous ne nous servons plus de ces termes ni de ces cuites.

La petite Plume.

Cette cuite se connoît de deux façons, à l'écumoire & entre les doigts. A l'écumoire, vous la trempez dans le sucre, la secouez un peu, & soufflez au-travers des trous; s'il s'envole de petites bouteilles bien légeres, c'est la petite plume.

Vous connoissez de même cette cuite, en trempant le premier doigt dans le sucre & le pressant contre le pouce; si vous sentez le sucre collant & qu'il vous pince, en le travaillant entre vos doigts s'il blanchit; & en ouvrant vos doigts forme un filet, c'est ce que l'on nomme la *petite plume*. De-là on passe au soufflé.

La grande Plume ou le Soufflé.

Poussez le sucre de quelques bouillons de plus, & trempez l'écumoire dedans, secouez-la, & soufflez au-travers des trous; s'il en sort quantité de grosses bouteilles, c'est ce que l'on nomme le *soufflé*.

Il y a bien encore le petit, & le fort boulet, le caffé & le caramel; ces quatre cuites ne sont point utiles pour les Glaces, ainsi je n'en parlerai pas.

Dans les compositions où il sera nécessaire de mettre le sucre très-léger, on le mêlera avec de l'eau, & on le fera bouillir pour qu'il se mêle plus intimement.

Dans les compositions où je dis de mettre de l'eau, ayez l'attention de la couper avec du sucre au petit lissé, avant que de l'employer, par la raison que j'ai déja dite, que l'eau forme des filets de Glace, lorsqu'elle n'est pas bien mêlée avec du sucre : vous feriez toujours dans le cas de mal finir vos Glaces, si vous n'aviez cette précaution.

GLACE ou CONGELATION

Composée de fleurs, de fruits, de crêmes & de liqueurs.

Attention qu'il faut avoir avant de faire les compositions, & pour les faire prendre.

POUR bien réussir à faire les Glaces bonnes & parfaites, c'est de n'employer que de bon fruit, ni trop verd, ni trop mûr, point gâté ni taché, parce qu'il a perdu de sa qualité ; plus vous employerez de bon fruit, mieux vous réussirez à faire de bonnes Glaces : de même faites attention au sucre qu'il soit bon ; il s'en trouve qui a le goût salé ou de vieux, ce qui donne mauvais goût aux compositions.

Soyez certain que le goût se

sent bien plus finement froid que chaud, & l'on définit mieux une chose à la glace que chaude.

Avant de commencer vos Glaces, voyez que tous les ustensiles nécessaires pour l'opération soient bien propres, comme les sarbotieres, moules de plomb, de fer-blanc, les écumoires, les houlettes, les tamis, les terrines.

Et même pour goûter plus finement vos liqueurs, lavez bien votre bouche, parce que souvent vous avez bu ou mangé des choses dont le goût vous reste dans la bouche ; ce qui change le goût de vos compositions, à quoi il faut prendre garde.

Je dirai à chaque fois qu'il faut se servir de sel marin ou salpêtre brut ; parce que si vous avez du salpêtre, vous vous en servirez, ou au défaut servez-vous de sel, il en faut moins ; il produit le degré de froid plus grand & l'action plus prompte, ce que j'ai déja dit ci-devant. Je préviens, que lorsque vous ferez les compositions, de ne pas les trop sucrer, par l'opinion de plusieurs Officiers qui prétendent que la Glace diminue la douceur du sucre.

Je conviens que les parties salines du sucre se précipitent au fond de la sarbotiere pendant la congelation, mais le soin de les bien travailler empêche le sucre de se précipiter l'ayant préparé; comme j'ai dit, la désunion ne se fait pas si facilement.

Il est bien certain que la Glace diminue les goûts & l'odeur des compositions que l'on fait congeler, comme de fleurs, de fruits, d'odeurs, de liqueurs, de vins, de ratafiats; par cette raison il faut donner à vos compositions assez de goût, pour que si la glace en diminue, il en reste suffisamment pour que le goût soit agréable.

Des uſtenſiles néceſſaires, voyez la Planche ci à côté.

Il faut choiſir des ſarbotieres d'étain, elles valent mieux que celles de fer-blanc, quoique le fer-blanc ſoit plus mince & plus poreux que l'étain, ce qui fait que les compoſitions prenent plus vîte ; mais elles ne ſont pas ſi adroites pour le travail que celles d'étain, & dans celles de fer-blanc les crêmes prenent trop vîte. Faites faire un petit ſeau de proportion à vos ſarbotieres, c'eſt-à-dire, que les ſeaux ſoient plus hauts de trois pouces que les ſarbotieres, & plus larges de trois pouces ; ce qui veut dire, que la ſarbotiere étant placée au milieu du ſeau, il y ait un pouce & demi de diſtance entre la ſarbotiere & le ſeau tout-autour, pour pouvoir mettre de la glace, du ſel ou ſalpêtre ſuffiſamment.

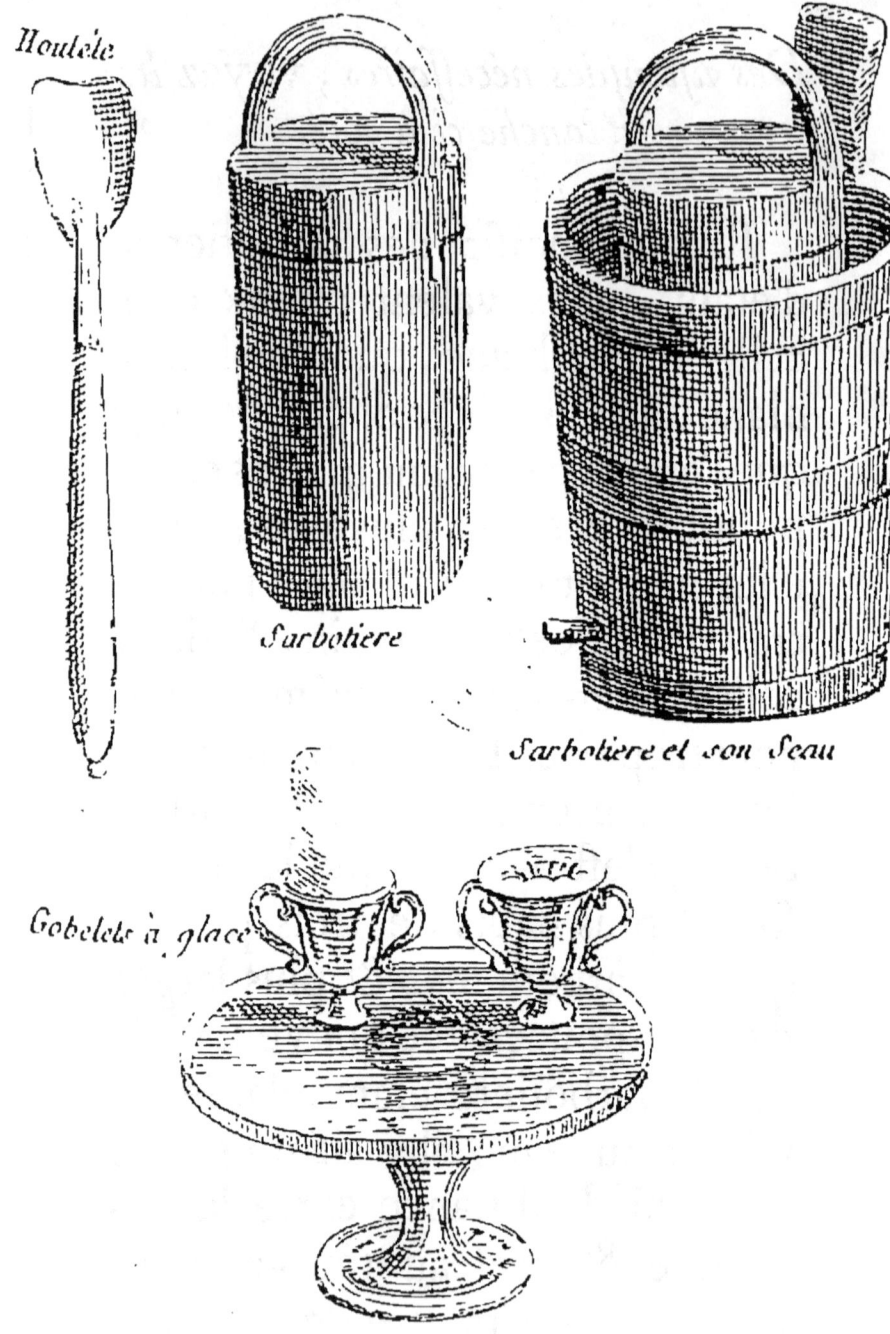

pour faire prendre telles compositions que l'on voudra.

Cette proportion est la plus juste, & produit le même effet que si le seau étoit plus grand. Il arrive souvent que lorsque les seaux sont plus grands, quand la Glace fond, la sarbotiere penche, & l'eau salée peut entrer dedans, ce qu'il faut éviter avec grand soin.

Il faut à vos seaux un trou en bas à quatre doigts, où vous mettrez un fausset de la grosseur du petit doigt pour pouvoir ôter l'eau lorsque vous voulez rafraîchir vos Glaces.

Il faut, pour travailler vos Glaces, une houlette; ces houlettes sont faites de fer-blanc ou de cuivre, de la même forme que la houlette d'un Berger, & de la grandeur d'une cuiller à ragoût.

GLACE.

Maniere de faire prendre.

Lorsque tous vos ustensiles sont ainsi préparés & bien propres, mettez dans vos sarbotieres telle composition que vous aurez, & faites-les prendre de cette façon : ayez l'attention de ne jamais emplir les sarbotieres de composition, il faut tout-au-plus qu'elles soient au deux tiers ou à la moitié, parce qu'il est plus facile pour les faire prendre & les travailler que lorsqu'elles sont pleines.

Faites piler de la Glace, il en faut par chaque seau douze ou quinze livres, selon comme la composition est grasse, ou la quantité que vous en avez : s'il y en a peu, il faut moins de glace, parce qu'elle prend plus vîte ; de même du sel ou salpêtre, on ne peut pas dire la quantité au juste qu'il en faut, par la raison que le tems influe à l'opération. Vous remarquerez, comme je l'ai déja dit, lorsque le tems est orageux, neigeux, pluvieux, que les glaces ne prennent pas aisément ; ce qui fait qu'il faut plus de sel ou salpêtre : mais si le tems est sec, froid ou chaud, les glaces prennent plus vîte, il faut moins de sel ou salpêtre.

Il y a aussi à observer les compositions grasses, ce qui consomme plus de glace, de sel ou salpêtre. Je traiterai de cela à son Article.

Revenons à la glace. Lorsqu'elle est pilée, il faut en mettre dans le fond de vos seaux deux pouces ; mettez par-dessus un peu de sel ou un demi-doigt de salpêtre : posez votre sarbotiere sur cette glace, & continuez de mettre par lit de la glace, du sel ou salpêtre à l'entour de la sarbotiere jusqu'au bord du seau.

Bien des Officiers mêlent le sel ou salpêtre avec la glace avant que de garnir le seau : cette façon n'est pas la meilleure, parce que le choc des deux parties se fait trop promptement ; & lorsque l'on met le mélange dans les seaux, l'action du froid est diminuée, & ne produit plus le même effet, comme de mettre la glace & le sel par lits. M. de Réaumur l'a fait remarquer, *Mémoires de l'Académie*, année 1734, page 294.

Il le fait bien, mais comme la composition, qui est dans la sarbotiere, ne reçoit pas la fraîcheur pour se congeler aussi promptement que la glace & le sel produisent l'action du froid, la dissolution est faite avant que la composition ait reçu le premier degré de froid.

Il arrive même que lorfqu'elle commence à prendre, le mêlange ne produit plus de froid, & qu'il faut rafraîchir de fel ou falpêtre & de glace, pour achever la parfaite congelation, fur-tout lorfque les compofitions font graffes.

L'effet eft bien différent, en mettant le fel & la glace par couches, le choc eft plus lent, & la compofition reçoit par degrés l'action du froid, & fe congele plus facilement.

Mettez donc votre glace par lits avec le fel ou falpêtre, vos feaux bien garnis, laiffez-les tranquilles cinq ou fix minutes: après ce tems, tournez environ dix minutes ou un quart-d'heure avec vîteffe & à tour de bras, & par fecouffes en lâchant la main.

Après ce tems, ouvrez votre farbotiere; mais avant effuyez bien le bord du couvercle & le bord du feau, crainte qu'en l'ouvrant il n'entre de l'eau falée, à quoi il faut prendre garde. Après cette attention, ouvrez la farbotiere, & voyez si la congelation se forme, ce que vous connoîtrez par une croûte qui s'est formée aux parois de la farbotiere avec la houlette ; détachez cette croûte, & refermez la farbotiere ; continuez de tourner dix minutes ou un quart-d'heure ; rouvrez pour la seconde fois, & redétachez la composition & la travaillez, c'est-à-dire, de bien mêler ce qui est pris avec ce qui ne l'est pas ; en écrasant avec le dos de la houlette ; mettez à ceci de l'adresse, travaillez la composition de la main droite, & faites tourner la farbotiere de la main gauche, l'habitude vous rendra adroit.

Si vous voyez que votre composition est presque prise, c'est là le moment de rendre votre glace parfaite par le travail, parce que vous forcez les différentes matieres qui composent ces glaces à perdre toutes à la fois leur mobilité.

Ces glaces étant composées de différentes choses, ce que nous appellons *hétérogènes*, & qui entrent dans les compositions des fruits qui ont beaucoup d'acide, comme le citron, la groseille, l'épine-vinette, & même dans la composition du fruit doux, on est obligé de mettre du citron pour relever la fadeur du fruit.

Si au contraire vous voyez que votre composition ne prenne pas ferme, rafraîchissez de sel ou salpêtre & de glace, que votre seau soit bien plein.

Il arrive souvent que les compositions étant grasses par la cuite du sucre, lorsque vous voulez des glaces moëlleuses, on est obligé de les rafraîchir deux, trois & quatre fois.

Mais aussi observez que la premiere fois que vous ouvrirez la sarbotiere, après l'avoir tournée un quart-d'heure, comme je l'ai dit ci-devant, si vous voyez que votre composition ne commence point à se congeler aux parois de la sarbotiere, c'est qu'elle est trop grasse, c'est-à-dire, trop chargée de suc acide, ou qu'il y a trop de sucre.

Vous pouvez remédier de cette façon: il faut avoir de l'eau, dans laquelle vous aurez mêlé un peu de sucre cuit au petit lissé. (*Voyez* Sucre cuit au petit lissé, *page 63.*) Pour les raisons que j'ai citées, prenez-en un grand verre, selon la quantité de composition que vous avez, délayez dans cette eau deux ou trois cuillerées de la composition; mêlez bien le tout ensemble, & le mettez dans la sarbotiere; remuez le tout pour incorporer ce que vous mettez avec ce qui a déja reçu un certain degré de froid ; bouchez la farbotiere forcée de sel ou salpêtre, & tournez à tour de bras.

Si pourtant le hasard faisoit qu'elle ne prenne pas encore bien, reprenez deux ou trois cuillerées de la composition, la mettez dans un demi-verre de la même eau, délayez-la bien comme la premiere fois, & bouchez la sarbotiere, forcez de sel ou salpêtre.

Quand même la composition seroit à moitié prise, si vous voyez qu'elle ne prenne pas tout-à-fait, vous pouvez mettre un peu de cette eau pour l'achever de faire prendre, pourvu que vous mêliez bien le tout ensemble, pour que l'eau ne se glace pas trop promptement par l'action du froid qu'elle reçoit avec violence : ce n'est qu'aux glaces de fruits, de vins, de liqueurs, qu'on peut remédier.

avec de l'eau, & jamais aux crêmes.

Après avoir fait ce que j'ai dit, certainement la composition prendra, parce que j'ai marqué la façon de les faire assez juste, pour qu'un verre d'eau puisse remédier à celles qui seront trop grasses.

Mais il est un autre inconvénient, c'est que souvent on fait les compositions trop maigres, trop claires, pas assez nourries de sucre ou de fruit ; & par cette raison, lorsque la congelation est faite, elle se trouve seche, sablonneuse : ce que l'on connoît aisément en la touchant avec la houlette ; elle ne se colle pas après, ni ne file ; elle se sépare sans peine, & au coup-d'œil elle est grumeleuse.

Vous pouvez remédier de cette maniere : goûtez votre composition, & vous sentirez qu'elle n'est pas assez sucrée, ou le sucre trop clair, qui est la seule cause de sa sécheresse, prenez du sucre cuit à la plume, (*voyez* Sucre cuit à la plume, *page 67*.), & mettez-en un peu dans votre composition dans le milieu, & ravaillez ce sucre tout doucement, pour qu'il se mêle bien avec la composition. Goûtez votre composition ; si elle n'est pas assez grasse & moëlleuse, remettez du sucre, comme vous avez déja fait ; & s'il en faut davantage, mettez-en jusqu'à ce que votre composition soit bien grasse & moëlleuse : ce n'est qu'aux glaces de fleurs, fruits, vins & liqueurs que l'on peut remédier avec du sucre clarifié, & jamais aux crêmes ; malgré cela ne les sucrez pas trop pour les faire plus grasses : ce n'est pas la quantité du sucre qui les rend bonnes, c'est la justesse de sentir le mélange des compositions & de sucre à propos de certains fruits, qui font plus doux les uns que les autres ; ce qui fait qu'il faut bien faire attention en faisant les compositions.

Voilà tous les inconvéniens qui peuvent arriver en faisant prendre les glaces, lorsqu'elles sont prises tout-à-fait : si vous ne les servez pas tout de suite, il faut les relever à l'entour de la farbotiere, c'est-à-dire le long de la paroi, pour qu'elles se soutiennent prises, comme étant l'endroit le plus froid, si c'est des glaces de fruit; mais si c'est des glaces de crême, il faut les mettre en pelotte au milieu de la farbotiere qu'elles ne touchent pas aux parois, elles se soutiendront prises suffisamment : de fruit ou de crême ; rebouchez votre farbotiere, lâchez un peu d'eau , mettez de la glace & du sel ou salpêtre bien à l'entour sur le couvercle, si le tems est humide, & un torchon par-dessus le tout, & laissez tranquille jusqu'au moment du service : si vous êtes long-tems à les servir, prenez garde qu'elles ne fondent, parce qu'il ne vous seroit pas possible de les faire reprendre, & sur-tout celles de fruit : tenez vos tasses toutes prêtes, & un moment avant de les servir, travaillez vos glaces pour les bien mêler, crainte qu'il ne se soit fait une croûte plus dure aux parois que dans le milieu.

Pour dresser vos glaces, vous les prenez avec une cuiller à ragoût, vous en formez comme un œuf, & avec une cuiller à bouche vous faites tomber la glace dans les petits gobelets : il faut qu'elle soit dressée en pointe le plus proprement qu'il vous sera possible.

Si vous ne voulez pas servir vos glaces en tasses que vous vouliez les mouler, voyez l'Article suivant, il vous expliquera la maniere de les mouler, & tout ce qu'il faut pour le faire ; il vous est même plus commode pour servir d'avoir des glaces moulées qu'en tasses, parce que le tems de les dresser dans des gobelets est bien plus long que de tirer des fruits de la cave, cela est bien plus facile & plus prompt.

GLACES MOULÉES.

Maniere de les faire.

Glace moulée, ou fruit glacé, c'est la même chose ; c'est-à-dire, qu'avec la même composition que l'on a fait congeler dans une sarbotiere, on peut donner, par le moyen des moules de plomb ou de fer-blanc, la forme & figure de toutes sortes de fruits, comme ananas, fraises, framboises, abricots, pêches, prunes, poires, verjus, cédras & autres. Il faut avoir pour cet effet des moules de plomb ou de fer-blanc, qui ont la même forme que les fruits que vous voulez mouler : de tous les fruits vous pouvez en mouler en cannelon, en fromage, ce que nous appellons *fromage glacé*, de fruit ou de crême.

Exemple.

Pour faire des pêches glacées, il faut préparer une composition de pêches, la faire congeler comme pour servir en tasse ; & lorsqu'elle est à ce point, emplissez des moules qui aient la forme de pêche, & vous aurez des pêches glacées.

De tous les fruits c'est de même, vous pouvez mouler toutes les compositions qui sont marquées pour glacer.

Les fromages glacés se font de même ; mais c'est la composition que l'on met dans le moule qui donne le nom. Si vous mettez de la composition de fraise dans un moule à fromage ou cannelon, ce sera un fromage ou cannelon de fraise : si vous y mettez de la composition d'ananas, ce sera un fromage d'ananas, ainsi que des autres fruits, comme de groseilles, de citrons, d'oranges, & tous autres.

De même que des crêmes, selon la crême que vous mettrez dans les moules à fromage, vous nommerez votre fromage.

Comme fromage à la vanille, au cacao, au houacaca, aux pistaches, aux amandes, aux avelines, ainsi des autres compositions que j'ai marquées pour glacer : lorsque ces compositions sont prises comme pour servir en tasses, vous les mettrez dans les moules à fromages, & les ferez reprendre, comme il va être dit, & vous aurez le fromage que vous desirez.

Ainsi

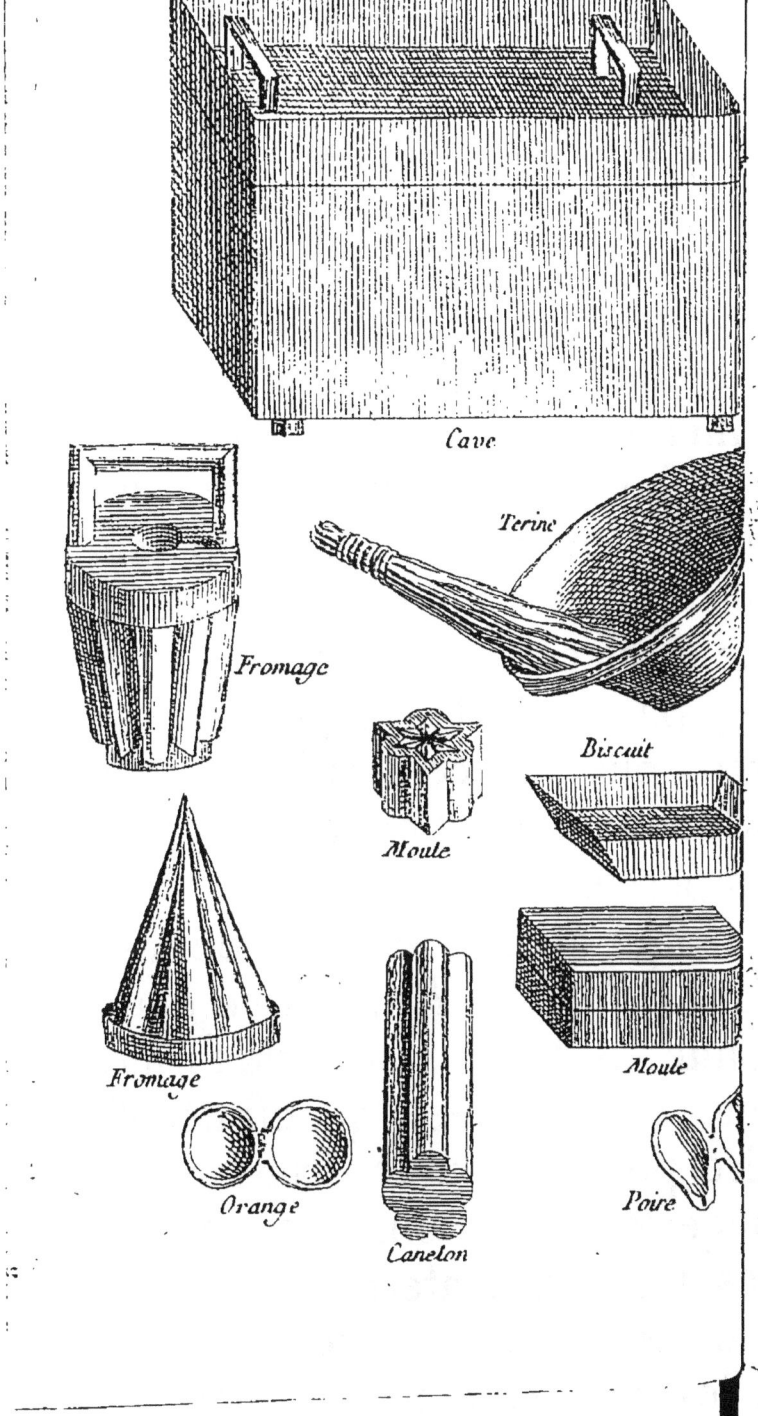

Ainsi pour mouler tout ce que vous voulez, c'est la même façon, soit des fruits, des cannelons, des fromages, des biscuits, des tablettes, & généralement pour pour toutes sortes de moules, grands comme petits, demande le même soin.

Il faut avoir pour mouler un paquet, ou un seau qui soit percé d'un trou en-bas, pour que l'eau que la glace produit puisse couler, parce que la composition reprend plus vîte & plus ferme que lorsque le baquet ou le seau n'est pas percé.

Il faut avoir une boëte de fer-blanc (*Planche II.*), ce que nous nommons *cave à glace*, de forme ronde ou quarrée, qui est nécessaire pour mettre les fruits, fromages ou cannelons, & tous autres moules. Rafermir à mesure que vous les retirez des moules, & les maintenir bien fermes jusqu'au moment de les servir; & même si vous donnez à vos fruits leur couleur naturelle avec différentes couleurs dont je donnerai la préparation. *Voyez* Couleurs, *page 98.* En les mettant dans cette cave, la fraîcheur qu'ils reçoivent forme dessus un frimat; ce qui fait un velouté comme le fruit l'a naturellement sur l'arbre.

En outre il ne seroit pas possible de vous en passer, parce que le tems de tirer les fruits, cannelons ou fromages des moules, les premiers seroient fondus, que les autres ne seroient pas prêts, & il ne seroit pas possible de les servir.

Faites faire cette cave comme vous voudrez, ronde ou quarrée; il faut à cette cave un couvercle, & à ce couvercle un rebord de deux pouces pour pouvoir mettre de la glace, du sel ou salpêtre, pour avoir la fraîcheur égale, dessus comme à l'entour. *Voyez Planche II.*

Faites placer à ce couvercle une goulote pour que l'eau qui se forme de la glace puisse couler, & ne pas tomber dans la cave, lorsque vous ôtez le couvercle pour tirer vos fruits, que cette goulote soit longue d'un pouce ou deux, cela suffit.

Il faut faire placer dans cette cave un ou deux contrefonds, ce qui forme des étages pour placer vos fruits, cannelons ou fromages, parce que si vous mettez tous l'un l'un sur l'autre, le fond seroit écrasé : il est bien possible de mettre des choses légeres les unes sur les autres, mais non pas une grande quantité.

Il faut à cette cave un baquet de la même forme que la cave ; mais il faut les proportions à ce baquet, c'est-à-dire qu'il soit de tous les côtés plus large que la cave de deux pouces deſſus deſſous, & à l'entour pour pouvoir mettre la glace, le ſel ou ſalpêtre.

Si c'eſt une boëte quarrée, gaudronnez les fentes pour qu'elle puiſſe tenir l'eau, faites fondre dans un pot de terre de la poix raiſine, mêlez un quart de ſuif; quand le tout ſera bien fondu, avec un pinceau vous boucherez les fentes de la boëte, & elle contiendra l'eau que produit la glace.

Je crois en avoir aſſez dit ſur tout ce qui eſt néceſſaire pour mouler les fruits, cannelons, fromages, & tout autre moule de fer-blanc ou de plomb. Il faut dire la maniere de les mouler.

Maniere de mouler.

Faites prendre dans une ſarbotiere telle compoſition que vous voudrez, lorſqu'elle ſera bien prise au point de la servir en tasse, c'est-à-dire, ni trop sèche, ni trop grasse ; faites un lit de glace pilée dans le fond du baquet ou seau que vous avez destiné à mouler, poudrez par-dessus cette glace du sel ou salpêtre ; ensuite emplissez les moules de la congelation, enfoncez-la avec une cuiller à bouche, pour qu'elle s'imprime & prenne la forme & figure des moules.

Tenez les moules avec un torchon, la chaleur de la main échauffe & fait fondre la congelation ; emplissez tous vos moules un peu plus que pleins pour démouler, cela est plus facile, par la raison que vous pressez le moule entre vos mains après que vous l'avez trempé dans l'eau tiede, & que ce pressement fait décoller le fruit, cannelon ou fromage de son moule : hors que si le couvercle portoit sur l'autre partie du moule, cela ne feroit pas d'effet fur la compofition; fi c'eſt des moules à couvercle, appuyez ferme deſſus, ce qui le fait ouvrir plus facilement.

Fermez le moule lorſqu'il eſt, comme j'ai dit, un peu plus que plein, enveloppez-le de papier, & placez-le fur le lit de glace, & poudrez du fel ou falpêtre deſſus pour qu'il fe trouve entre deux fels ou falpêtres; mettez par-deſſus de la glace bien pilée, & continuez ainfi de mouler tout ce que vous avez à mouler: lorſque le premier rang fera placé, mettez-en un au fecond, en mettant toujours les moules entre deux fels ou falpêtres & de la glace pilée.

Lorſque tous les moules feront pleins & placés dans le baquet, entaſſez bien la glace pour qu'il n'y ait point de vuide nulle part, vous mettrez un lit de fel ou falpêtre par-deſſus la glace, & un ou deux torchons pour que le froid se concentre dans le baquet ou seau.

Si les moules sont petits, laissez-les deux heures dans le mêlange de glace : s'ils sont gros, c'est-à-dire de fromage, il faut les y laisser trois heures, & sur-tout si c'est des compositions de fruits, avec lesquelles vous avez empli les moules à fromages, parce que ces compositions sont plus difficiles à faire reprendre. Si vous emplissez vos moules d'une composition de crême, pour-lors il faut les laisser moins de tems, c'est-à-dire deux heures, parce que ces compositions prennent plus facilement.

De plus, comme je l'ai déja dit, le tems influe beaucoup, reglez-vous là-dessus, de même ne moulez pas que la composition ne soit bien prise ; elle reprend plus vîte, & l'on est plus sûr de la réussite de ces moules.

Une demi-heure avant que vous deviez démouler, mettez la cave de fer-blanc à la glace, comme vous mettez une sarbotiere, de la glace, du sel ou salpêtre; tout à l'entour & sur le couvercle, pour que la cave reçoive de tous côtés l'action du froid également.

Au moment que vous devez retirer les moules de la glace, faites chauffer de l'eau, il la faut tiede, & la mettez dans une terrine ; ôtez les moules de la glace ; ôtez le papier qui les enveloppe, & les trempez dans cette eau tiede, & tout de suite dans l'eau fraîche ; serrez le moule entre vos mains, ou appuyez dessus le couvercle, ce qui le fait ouvrir facilement : ouvrez ensuite le moule; & si le fruit, cannelon ou fromage, ne sortoit pas de l'autre moitié du moule, n'y mettez pas les doigts ; enfoncez la lame d'un couteau dans le fruit ou fromage, la lame sur son plat, & de biais dans le moule; vous aiderez, en soulevant, le fruit ou fromage à sortir; mettez tout de suite ces fruits, cannelons ou fromages, sur du papier, & placez-les dans la cave qui doit être comme une glaciere, refermez la cave & couvrez-la de glace.

Cette façon est générale pour tous les moules, petits comme grands, c'est plus ou moins de tems qu'il faut.

Laissez vos fruits, cannelons ou fromages, dans la cave jusqu'au moment de les servir; & lorsque le dessert est servi, vous placez vos fruits symmétriquement sur des assiettes.

Si c'est des fruits, mettez dessous des feuilles de vigne ou d'oranger.

Si ces especes de fruits ont une

queue, vous leur en ferez avec de petites branches d'oranger, & laissez quelques feuilles, après cela garnissez vos fruits, vous enfoncerez cette queue à l'endroit que le fruit l'a naturellement.

Si c'est un ananas, vous lui mettrez sa couronne que l'on dégarnit de quelques feuilles, pour être moins touffue, on enfonce une petite brochette dans la couronne, & l'autre bout dans le fruit, ce qui la fait tenir droite.

Si c'est des fromages, cannelons, biscuits, tablettes, vous les mettrez sur des assiettes, point de feuilles dessous, & servez.

COULEURS.

Quoique je donne la manière de peindre & de colorer les fruits glacés, c'est-à-dire, leur donner la couleur naturelle, comme ils l'ont avant leurs congélations; il est bon d'avertir que les fruits peints ne plaisent qu'à la vue, & non au goût, parce que les Maîtres craignent que l'on y ait employé de mauvaises couleurs, attendu qu'il y en a quantité qui font considérées comme poison, ce qui fait qu'on ne prend les glaces peintes qu'avec appréhension.

Je conviens que c'est un coup-d'œil bien agréable dans un repas que de voir les fruits peints avec des couleurs ressemblantes à celles qu'ils ont naturellement, & que par l'art on imite si bien la nature.

Il est très-gracieux pour le Maître, comme pour l'Officier, d'avoir un beau service de ces précieuses congélations, mais aussi il ne faut point flatter la vue & répugner le cœur ; ce qui est fait pour manger, doit inspirer du desir, & non pas de la crainte.

Malgré tout cela, je donne la

manière de préparer les couleurs, pour que le Lecteur ne soit point dans l'embarras, si l'on lui demande des fruits glacés & peints au naturel.

Ustensiles pour les couleurs.

Il faut avoir des pinceaux dont le poil ne soit ni trop doux, ni trop dur, un vase dans lequel il y aura de l'eau pour les laver chaque fois que vous les changerez de couleurs, ou diminuerez les teintes.

Les couleurs que l'on emploie ordinairement sont le carmin, la gomme-gutte, ou la pierre safrannée, l'indigo, le sucre brûlé, pour les crêmes quelquefois le chocolat.

On se sert bien de cochenille, mais le carmin vaut mieux, il fait les teintes plus belles.

Délayez les couleurs séparément dans des soucoupes ou assiettes avec un peu d'eau & de sucre cuit au lissé, (*voyez* Sucre cuit au lissé, *page 66*,) parce que l'eau toute pure s'imbibe trop dans les fruits.

Lorsque vous retirez vos fruits des moules, c'est le moment de les peindre ; imitez le plus qu'il vous est possible les couleurs qu'ils ont naturellement, adoucissez les demi-teintes en rendant les couleurs plus claires.

Couleur verte.

Elle se fait avec de l'indigo & de la gomme-gutte : cette couleur sert à donner le verd aux pêches, aux poires & aux prunes de reine-claude.

Couleur jaune.

Vous faites cette couleur avec la gomme - gutte, qui vous sert pour les citrons, les cédras, les coings, & quelques poires.

La couleur jaune, mêlée avec du carmin, sert à peindre les oranges; on peut se servir de même de la pierre safranée.

Carmin.

Le carmin sert pour les pêches, les abricots, & tous les fruits qui ont une peau rouge d'un côté.

Il sert de même à faire les violets pour les prunes : pour cet effet, on le mêle par gradation avec de l'indigo, ce qui fait les couleurs violettes.

Sucre brûlé ou chocolat.

On se sert de sucre brûlé pour donner les bruns, par exemple, comme les truffes; le chocolat ne sert que dans les très-bruns.

Créme fraîche.

La crême sert à donner aux fruits cette fleur qu'ils ont lorsqu'on les cueille ; par exemple, les prunes, les pêches, les abricots.

Verd d'Epinards.

Faites blanchir des épinards, & retirez-les ensuite à l'eau fraîche ; pressez dans un torchon pour en tirer toute l'eau : pilez ces épinards, & passez-les au-travers d'un tamis bien serré avec une cuiller de bois, servez-vous de ce verd pour donner les couleurs à d'aucune crême.

Voilà toutes les couleurs & ustensiles pour peindre les fruits : il faut, comme je l'ai dit, les peindre lorsqu'on les sort des moules ; & sitôt qu'ils sont peints, les placer dans la cave à glace ; il se forme dessus un frimat, qui leur donne la parfaite ressemblance du naturel : voilà tout ce que je peux dire sur la façon de les peindre.

GLACE ou CONGELATION.

Maniere de les composer.

GLACE DE FLEURS D'ORANGE.

SI c'est en Eté, épluchez de belles fleurs d'orange fraîche cueillies, mettez-les dans un vase, jettez dessus du sucre tiede cuit au lissé; *voyez* Sucre cuit au lissé, *page 66*. Couvrez bien le vase, pour que l'odeur ne s'évapore pas; laissez infuser trois ou quatre heures, jettez ensuite le tout sur un tamis pour en tirer tout le sucre, duquel vous vous servirez pour faire vos glaces: s'il porte trop le goût de fleur d'orange, mêlez-le avec d'autre sucre pour rendre le goût plus léger; ajoutez-y un jus de citron

& un peu d'eau pour couper le sucre, & rendre la composition plus facile à prendre : accordez ce goût, il est très agréable, & faites prendre comme il est dit. *Voyez* Glace, maniere de faire prendre, *page 74.*

Autre maniere.

Epluchez & faites blanchir de la fleur d'orange de cette façon.

Mettez de la fleur d'orange dans une poêle avec beaucoup d'eau sur un feu ardent ; lorsqu'elle aura fait huit ou dix bouillons, changez-la dans d'autre eau bouillante que vous tiendrez toute prête sur un autre fourneau : il faut changer la fleur quatre fois, pour lui ôter toute l'âcreté ; mettez chaque fois un jus de citron ou un peu d'alun de roche, pour la conserver blanche : continuez de la faire blanchir dans la quatrieme eau ; vous connoîtrez si elle eſt blanchie, lorſque vous pouvez l'écraſer facilement entre vos doigts.

Retirez-la à l'eau fraîche, changez-la d'eau trois ou quatre fois, laiſſez - la refroidir dans la derniere, elle ſera très-blanche & point âcre : la fleur étant froide, mettez - la égoutter & paſſez-la ſur un tamis à glace ; ſervez-vous de cette marmelade pour les glaces, mettez du ſucre très-léger, coupez de moitié d'eau, que la fleur ne porte pas trop : le goût eſt agréable & joli, mais il faut qu'il ſoit modéré par le ſucre ; repaſſez le tout au tamis, & faites prendre comme il eſt dit. *Voyez* Glace, maniere de faire prendre, *page 74.*

Si c'eſt en Hiver : il faut de bonne marmelade de fleurs d'orange qui n'ait pas le goût de vieux, délayez-la avec du sucre coupé de moitié d'eau tiede, ajoutez un peu de jus de citron, rendez ce goût de fleurs d'orange très-léger, passez le tout au tamis de soie, & faites prendre comme il est dit. *Voyez* Glace, maniere de faire prendre, *page 74.*

GLACE DE ROSE.

Il faut les roses fraîche cueillies, les effeuiller & les mettre dans un vase que l'on puisse bien boucher, comme une sarbotiere; jettez dessus du sucre cuit au lissé. *Voyez* sucre au lissé, *page 66.* Bouchez bien le vase, & laissez infuser douze heures; ensuite passez ce sucre sur un tamis, & vous en servez pour faire les glaces: si le sucre est trop cuit, ajoutez un peu d'eau avec un peu de carmin, pour donner une couleur rose à la composition, faites prendre comme il est dit. *Voyez* Glace, maniere de faire prendre, *page 74*. Cette glace eſt très-agreable.

Glace de Violette.

Epluchez de la belle violette fraîche cueillie; pilez-la & paſſez-la au tamis à glace; faites lui faire un bouillon très-léger dans du ſucre, coupé de moitié d'eau, repaſſez le tout au tamis une ſeconde fois, & faites prendre comme il eſt dit. *Voyez* Glace, maniere de faire prendre, *page 74*.

Glace de Sureau ou de Muscat.

Faites une infuſion de ſureau dans de l'eau bouillante; & de cette infuſion avec du ſucre au liſſé, (*voyez* Sucre au liſſé, *page 66*); & de cette infuſion avec du ſucre au liſſé, (*voyez* Sucre au liſſé, *page 66*), faites la compoſition, & faites prendre comme il eſt dit.

Voyez Glace; maniere de faire prendre, *page 66*.

ANANAS.

Ananas, fruit nommé le *Roi des fruits*, tant par sa saveur délicieuse qui surpasse celle de tous ceux qui nous sont connus, que par une espece de couronne de feuilles, qui est placée sur la cime, marque de royauté ; quoiqu'on ne puisse comparer l'ananas, l'on peut dire avec assûrance que sa saveur tient du goût de fraise, framboise, abricot, pêche, muscat, il ressemble à tous ces goûts sans en avoir aucun de défini.

Cette plante, dit-on, fut apportée des Indes Orientales dans celles Occidentales : elle nous a été inconnue jusqu'au dix-septieme siecle, que différens Voyageurs en apporterent toute confite, pour prouver toutes les agréables descriptions qu'ils en avoient faites dès leurs premiers voyages. Mais il n'y eut des preuves certaines de son excellence que lorsqu'on apporta du plant en Europe, encore fut-il long-tems sans rapporter fruit. M. Lecour de Leyde est le premier qui l'ait cultivé avec succès.

Il fut dit pour-lors par des personnes qui ont vécu dans les différentes contrées où on les cultive, que les ananas de France étoient plus petits qu'aux Indes, mais d'un goût aussi agréable, pourvu qu'ils fussent mangés en parfaite maturité.

Le tems de la maturité des bons ananas est depuis le mois de Juillet jusqu'au mois d'Octobre. Ce fruit est mûr lorsqu'il répand une odeur douce & forte, & qu'il cede sous les doigts; il faut le cueillir lorsqu'il répand cette odeur douce qu'il ne conserve que trois ou quatre jours, si on le veut manger parfait, il ne faut pas le garder plus long-tems, parce qu'il perd son goût & parfum.

Glace d'Ananas.

La rareté de ce fruit & son bon goût le rendent précieux.

L'ananas est meilleur à prendre en glace, qu'à le manger dans son naturel : le sucre, le citron & l'ananas font ensemble un agréable mélange ; ces trois choses bien proportionnées font des glaces parfaites.

Il faut prendre les ananas pour faire les glaces comme on peut les avoir, rarement en a-t-on à choisir : si on le peut, choisissez les mûrs, ce que vous connoîtrez en les poussant au doigt ; s'ils fléchissent, ils sont mûrs, de même lorsqu'ils ont beaucoup de parfum, tel qu'il est dit ci-dessus : souvent ils sont mûrs par fermentation, ils ne sont pas si bons que lorsqu'ils mûrissent sur pied.

Un ananas de grosseur ordinaire fait quinze à dix-huit tasses de glace : rapez l'ananas sur une rape bien échaudée, un tamis à glace dessous, & une terrine dessous le tamis : l'ananas étant rapé, faites-le passer sur ce tamis avec une cuiller ; ce qui ne pourra passer, il faut le piler avec du sucre en poudre, & continuez de le passer jusqu'à ce qu'il ne reste que peu de filandres ; jettez trois ou quatre cuillerées d'eau sur ces filandres pour en tirer toute la saveur. Selon comme l'ananas est mûr vous employerez le sucre ; s'il est mûr, mettez le sucre au lissé froid. *Voyez* Sucre au lissé, *page 66*. S'il n'est pas bien mûr, mettez le sucre au lissé chaud ; d'une façon ou d'autre il faut le sucre au lissé ; ajoutez à la composition un jus de citron ou deux, si l'ananas est bien mûr, ce qui fera sortir le goût & rendra la congelation excellente: quand vous croirez la composition bien, ni trop épaisse, ni trop claire, suffisamment sucrée, repassez-la au tamis pour bien mêler le tout ensemble, & faites prendre. *Voyez* Glace, maniere de faire prendre, *page 74.*

Il y a des Officiers qui donnent quelque bouillon à l'ananas avec du sucre, mais je suis certain que le feu change le goût de l'ananas au point de n'être plus reconnoissable: ainsi si l'on veut suivre cet usage, l'on est libre; mais la premiere façon est la meilleure, suivez mon principe.

En Hiver.

Prenez de la bonne marmelade d'ananas; il faut la détremper avec de l'eau chaude, qu'elle ne soit point trop claire, ni trop épaisse ; ajoutez-y un jus de citron pour donner plus de saveur à l'ananas ; passez le tout au tamis pour qu'ils se mêlent bien ensemble, goûtez-la si vous trouvez qu'il n'y ait pas assez de sucre ou de citron, remettez-en & faites prendre.

Glace de Cédrat.

Pour douze ou quinze tasses de glace, il faut un cédrat un peu gros ou deux petits, choisissez-les de bonne odeur, bien fermes, point tachés ; zestez finement le cédras, & n'en perdez pas, attendu qu'il n'y a que le zeste qui donne le goût, mettez-le à mesure dans du sucre froid cuit au lissé. *Voyez* Sucre cuit au lissé, *page 66.* Comme le cédrat n'est pas uni, zestez-le bien dans les creux, malgré cela ne l'entamez pas trop avant, parce que le blanc porte à l'amertume.

Laissez ce zeste infuser cinq ou six minutes au plus dans le sucre ; au bout de ce tems, passez-le au tamis, & dans ce sucre mettez sept ou huit jus de citron & un demi-verre d'eau : accordez bien ce mélange, & vous aurez de bonne glace.

Passez le tout au tamis de soie pour bien mêler ensemble, & faites prendre comme il est dit. *Voyez* Glace, maniere de faire prendre, *page 74*. Il arrive souvent qu'elles ne prennent pas facilement, parce que l'acide du citron & le gras du sucre en empêchent : mais j'ai marqué à l'Article de faire prendre, la maniere de les dégraisser, & l'on pourra par ce moyen très-bien réussir.

Les Italiens se servent de marmelade de cédras pour faire leurs glaces qu'ils délayent avec de l'eau : on pourroit y ajouter un jus de citron ; mais de faire les compositions avec le fruit crud, le goût en est plus fin : à Paris, on a des cédras toute l'année, ainsi je conseille de s'en servir au-lieu de marmelade, on réussira bien mieux avec le fruit.

ABRICOT.

On distingue de quatre sortes d'abricots : l'abricot précoce, c'est celui qui est le plus hâtif ; l'abricot d'espalier, c'est celui qui vient attaché au mur ; l'abricot plein vent, c'est celui qui vient en pleine terre à tous vents, il est préféré aux deux autres.

Les abricots violets sont les plus beaux & les meilleurs.

On voit dans des anciens Mémoires que ce fruit connu à Rome du tems de Pline, fut apporté d'Arménie.

Glace d'Abricot.

Comme ce fruit est gras, pâteux, charnu, sujet à être cotonneux, il faut le choisir bien mûr.

L'abricot qu'on nomme *plein-vent*, est celui qui a plus de goût, il est le meilleur pour les glaces.

Passez au tamis à glace des abricots : lorsque tout sera passé, mettez du sucre au petit lissé, (*voyez* Sucre cuit au petit lissé, *page 65.*) Ce fruit étant pâteux, il faut le sucre très-léger ; goûtez la composition crainte d'en trop mettre, ajoutez-y un jus de citron ou deux, si les abricots sont bien mûrs, ce qui rendra le goût d'abricot plus fin & plus agréable.

Il faut piler les noyaux & les amendes, les faire tous deux infuser dans du sucre chaud, & vous mettrez cette infusion dans la composition, ce qui lui donnera un

goût de noyau très-agréable, &
faites prendre comme il est dit.
(*Voyez* Glace, maniere de faire
prendre, *page 74.*) Si vous voyez
que la composition soit par trop
épaisse, mettez un peu d'eau
chaude; si les abricots ne sont pas
bien mûrs, mettez-les dans du
sucre très-léger, & donnez-leur
quelques bouillons, ensuite les passer comme il est dit ci-devant, &
les finir de même.

En Hiver.

Prenez de bonnes marmelades
d'abricots, détrempez-la avec de
l'eau chaude & du sucre au petit
lissé, ajoutez-y du jus de citron
pour ôter le goût de vieux ou de
cuisson.

Pilez cinq ou six amandes ameres, faites-les infuser dans du sucre chaud, mettez cette infusion
dans la composition; si vous ac-

F iv

cordez bien ce mêlange, vous aurez des glaces aussi bonnes que dans la primeur du fruit, parce que l'amande amere donne le goût comme celle du fruit, & le citron lui donne plus de faveur, ce qui fait qu'il y a peu de différence.

CERISES.

Les premieres cerises furent apportées par Lucullus, de Cerafunte, Ville de Pont, après qu'il eut vaincu Mithridate, à ce que dit Pline ; d'où vient qu'elles en portent encore le nom, en Latin *cerasum*.

Il y a plusieurs especes de cerises, la coularde à courtes queues, grosse, nommée la *Montmorency*, la cerise Royale ou d'Angleterre, la cerise griotte.

Glace de Cerise.

Il faut choisir de bonnes cerises bien mûres, point tournées, lavez-les, ôtez la queue & les noyaux qu'il faut piler, & faites-les infuser dans du sucre au petit lissé chaud, (*voyez* Sucre au petit lissé, *page 65*); mettez ensuite ces cerises dans du sucre au lissé pour leur faire faire un bouillon, passez-les ensuite sur un tamis à glace : il faut tout faire passer hors la peau ; mettez l'infusion de noyaux dans cette colature, achevez de sucrer le tout avec du sucre très-léger, & faites prendre. *Voyez* Glace, maniere de faire prendre, *page 74.*

GLACE DE CITRON.

Il faut choisir les citrons bien mûrs ; lorsqu'ils sont trop verds, ils ont trop d'acide, de même qu'il faut prendre garde que le milieu ne soit pas noir ; c'est une mauvaise espece.

Huit citrons font dix-huit tasses de glace : lavez-les bien, & essuyez-les pour ôter le goût d'emballage ; ensuite zestez quatre citrons, n'enlevez que la superficie du zeste, & mettez-les infuser dans du sucre cuit au lissé froid. *Voyez* Sucre cuit au lissé, *page* 66.

Laissez-les infuser cinq ou six minutes au plus, & passez ce sucre au tamis pour ôter le zeste ; pressez dans ce sucre le jus des huit citrons, & mettez-y un demi-septier d'eau & du sucre cuit au petit lissé ; passez le tout au tamis pour bien mêler le sucre, l'acide & l'eau, & faites prendre. *Voyez* Glace, maniere de faire prendre, *page* 74.

Quelquefois ces compositions

ne prennent pas facilement ; mais la façon d'y remédier est à l'Article *Faites prendre*. On peut mettre dans cette composition de la gelée de pommes, que l'on fait fondre sur un feu doux, & que l'on mêle ensuite dans la colature ; ce suc de pomme se mêle agréablement avec le citron, ce qui fait une glace très-gracieuse.

GLACE DE BERGAMOTTE.

La composition se fait comme celle de cédrat, (*voyez* Glace de cédrat, *page 115*) ; il ne faut se servir que du zeste, & non du jus : il faut quatre bergamottes pour un cédrat, & faites prendre comme il est dit. *Voyez* Glace, maniere de faire prendre, *page 74.*

GLACE DE BIGARADE.

Voyez Glace de cédrat, *page 115*, c'est la même maniere ; mais il faut quatre bigarades pour un cédrat : on se sert de bigarades de Provence, ou de bigarades qui viennent sur nos orangers dans nos jardins ; des uns ou des autres, il ne faut pas se servir du jus.

Glace de Brugnon.

Il faut choisir les Brugnons bien mûrs ; c'est la même façon que les glaces de pêches, (*voyez* Glace de pêches, *page 134*) : mais s'ils ne sont pas bien mûrs, il faut leur donner un bouillon.

Glace de Cassis.

Le cassis est une espece de groseille à grappe, mais les grains sont plus gros & de couleur noire : les glaces de cassis se font comme la groseille. *Voyez* Glace de groseille, *page 130*.

Glace de Coing.

Faites cuire des coings sous la cendre, ils ont plus de goût que dans l'eau; de cette maniere, ils conservent davantage leurs jus & parfum, les glaces en sont meilleures.

Les coings étant cuits, il faut les éplucher, les passer au tamis à glace; tout étant passé, vous mettrez du sucre au petit lissé, (*voyez* Sucre au petit lissé, *page 65*); & au-lieu d'eau un jus de citron: faites faire un demi bouillon, pour bien incorporer le tout ensemble, laissez refroidir & faites prendre, (*voyez* Glace, maniere de faire prendre, *page 74*.) On peut faire cuire les coings au four, mais point dans l'eau.

Glace d'Épine-Vinette.

La glace d'épine-vinette se fait

comme la groseille. *Voyez* Glace de groseille, *page 130*.

GLACE DE FRAMBOISE.

Il y en a de deux especes, les rouges & les blanches : la glace de framboises se fait comme celle de fraise, (*voyez* Glace de fraise *ci-après*) ; mais très-communément on emploie la framboise avec la groseille.

FRAISE.

Si l'ananas est nommé le *Roi des fruits*, on peut à juste titre nommer la fraise la *Reine*, tant par son goût délicieux, que par son parfum agréable & sa chair délicate : si elle étoit aussi rare que l'ananas, & aussi difficile à faire croître, elle seroit bien plus recherchée & chérie davantage, parce qu'il n'est pas possible de manger fruit plus parfait.

Il y a plusieurs sortes de fraises,

la rouge & la blanche que l'on cultive dans nos jardins, la fraise de bois & de montagne, la fraise de Chilly est généralement très-grosse, on en a vu de la grosseur d'un œuf de poule.

La fraise écarlate de Virginie, la fraise au bois d'Angleterre, sont estimées par leur grosseur, mais leur goût ne vaut pas celui des nôtres.

Glace de Fraise.

Il faut choisir les fraises bien mûres & de bonne odeur, fraîche cueillies, elles ont plus de parfum : épluchez vos fraises, jettez-les dans de l'eau de puits bien fraîche pour ôter le sable qu'elles peuvent avoir, ce qui rendroit les glaces croquantes ; retirez-les de l'eau tout de suite, laissez égoutter & passez-les sur un tamis à glace, une terrine dessous pour recevoir la marmelade ; tout étant passé, mettez du sucre cuit au petit lissé, (*voyez* Sucre cuit au petit lissé, *page 65*) ; mettez-en peu, parce que la fraise porte son sucre, si elle est bien mûre.

Vous pouvez faire cette composition plus épaisse & plus grasse que tout autre fruit, parce qu'elle prend aisément ; faites prendre comme il est dit. *Voyez* Glace, maniere de faire prendre, *page 74*.

On fait souvent des glaces de fraises dans la primeur, tems où les fraises ne sont pas bien mûres, & qu'elles n'ont pas ce même goût & parfum qu'elles ont dans la parfaite maturité.

Il ne faut pas les laver : si vous avez de la marmelade de cerise ou de framboise, mettez-en un peu, ce qui donnera bon goût.

Il y a des personnes qui mettent du jus de citron dans les compositions de fraises ; mais ce n'est pas le meilleur, il vaut bien mieux si le goût des fraises est fade, c'est-à-dire, une mauvaise qualité de fraise, ou qu'elle soit vieille cueillie, y mettre un peu de jus de groseille, au-lieu de citron, parce qu'il est tout-à-fait contraire au goût de la fraise, mais le jus de groseille, dont l'acide est plus agréable, se mêle plus gracieusement au goût de la fraise.

Glace de Grenade.

La grenade est un fruit gros comme une pomme de rambour, garni d'une couronne ; son écorce est dure comme du cuir ; elle est divisée intérieurement en plusieurs loges remplies de grains entassés les uns sur les autres, de belle couleur rouge. Les grenades souvent ne sont pas bien bonnes en France, ce qui fait qu'elles ont le goût fade comme l'eau, mais celles des pays chauds sont supérieures.

Egrenez des grenades, ne vous

servez que des bons grains, faites-les crever dans du sucre très-léger, passez ensuite au tamis, & faites prendre comme il est dit. *Voyez* Glace, maniere de faire prendre, *page 74.*

Pour que cette espece de glace soit bonne, il faut que les grenades le soient ; ce qui n'est pas aisé de trouver, parce que, comme j'ai déja dit ci-dessus, elles n'ont pas bon goût en France.

GLACE DE GROSEILLE.

De tous les fruits qui ont de l'acide, la groseille est la meilleure, & d'un goût très-agréable. Il faut choisir la groseille grosse, bien mûre, la laver & la faire crever dans une poêle avec un peu d'eau ; passez ce jus sur un tamis, & mettez dans ce jus du sucre au lissé, (*voyez* Sucre au petit lissé, *page 65.*) : sucrez peu, parce que le gras du sucre & l'acide du fruit rendent la composition difficile à prendre, mettez à la Glace, (*voyez* Glace, maniere de prendre, *page 74*), forcez tout de suite de sel ou de salpêtre ; si elles ne prennent pas, mettez, comme j'ai dit, un verre d'eau coupée d'un peu de sucre.

Glace de Groseilles framboisées.

C'est la même préparation que les précédentes, mais il faut ajouter un tiers de framboises au jus de groseilles : après qu'il est ôté du feu, faites ensuite passer le tout au tamis à glace, pour ôter les petits pepins des framboises, sucrez à propos avec un sucre très-léger, ce qui vous fera une glace très-estimée, & faites prendre.

La groseille blanche s'emploie comme la rouge ; mais si l'on veut la framboiser, il faut y mettre de la framboise blanche ; ce qui arrive lorsque l'on veut faire des glaces marbrées.

Glace de Lime-douce.

C'est un petit fruit odorant qui nous vient de Provence, dont le goût est fort agréable, lorsqu'on le sçait proportionner avec du sucre.

Il ne faut se servir que du zeste, & non du jus, il n'a aucun goût : cette composition se fait comme celle de cédrat, (*voyez* Glace de cédrat, *page 115*) : six limes font le même effet qu'un cédrat.

Glaces d'Oranges.

Les glaces d'oranges sont les meilleures de toutes celles que l'on fait avec les fruits de Provence ; mais les oranges de Malte sont supérieures à celles de Provence, parce qu'elles sont bien plus douces, & n'ont point d'acide : les uns ou les autres, il faut les choisir d'une peau fine, point tachée; elles ont plus de jus. Avant de les employer, il faut les laver, les essuyer, pour ôter le goût d'emballage ou de la cave, zester finement deux ou trois oranges dans du sucre froid au lissé, (*voyez sucre cuit au lissé, page 66*); laissez le zeste infuser cinq ou six minutes au plus dans ce sucre : après ce tems passez au tamis de soie pour ôter le zeste, ensuite vuidez vos oranges, exprimez-en bien le jus, & mettez-le dans le sucre de l'infusion ; jettez un peu d'eau sur la chair de l'orange, pour en ôter tout le suc & la saveur ; achevez de sucrer lorsque la composition sera bien, passez-la au tamis de soie une seconde fois.

Si les oranges étoient bien mûres & très-douces, vous y mettriez un jus de citron, & faites prendre comme il eſt dit. *Voyez* Glace, maniere de faire prendre, *page 74.*

Si la congelation eſt ſeche, graiſſez-la, comme il eſt dit, avec du ſucre au ſoufflé. *Voyez* Sucre cuit au ſoufflé, *page 67.*

Si vous voulez ſervir ces glaces en puits, c'eſt-à-dire dans l'écorce, il faut avoir ſoin, en les vuidant, de ne point les déchirer, ni les percer ; conſervez-les, & ôtez bien toute la chair & les eſſuyez ; lorſque la congelation eſt parfaite, empliſſez vos écorces & ſervez : c'eſt ce que l'on nomme des *puits glacés d'orange* ou *oranges en ſurpriſe.*

Glaces de Pêches.

Ce fruit, qui commence à paroître à la fin de l'Eté dont on jouit pendant la moitié de l'Automne, fait le délice de ces deux saisons ; son goût est agréable, sa chair est d'un suc vineux : il y en a de plusieurs espèces qui se succedent les unes aux autres ; mais c'est toujours la grosse mignone qui commence à paroître, après quelques petites précoces qui ne sont estimées que par la primeur, & non par le goût.

Composition.

Otez la peau des pêches, & passez-les au tamis à glace, une terrine dessous pour recevoir cette marmelade : il faut piler les amandes, & les passer au même tamis ; toutes étant passées, mettez du sucre au petit lissé, (*voyez* Sucre cuit au petit lissé, *page 65*). Si les pêches n'étoient pas bien mûres, mettez le sucre tout bouillant avec la marmelade, ce qui ôtera l'âcreté de la pêche.

Si elles sont mûres, mettez le sucre froid & un jus de citron pour douze pêches au plus, parce que le citron a beaucoup d'acide, & il efface le goût de la pêche, ce qu'il faut éviter, mais un peu fait très-bien : la marmelade ainsi préparée, faites-la prendre comme il est dit, (*voyez* Glace, maniere de faire prendre, *page 74*) ; si c'est en Hiver, *voyez après* Pavies.

Il y a encore une autre espece de pêche, que l'on nomme *rosane*, nom vulgaire que l'on donne à toutes les pêches & pavies, qui sont de couleur jaune en-dedans ; il y en a de différentes grosseurs, de tardives & d'actives, dont les unes gardent le noyau, & les autres le quittent ; on en fait de très-bonnes glaces, c'est la même façon que pour les autres pêches.

PAVIES.

Pavies.

Ce fruit est une espece de pêche dont la chair est très-dure, & ne quitte point le noyau : ce fruit succede à toutes les autres pêches; on peut en faire des glaces en le coupant par petits morceaux, & les faire cuire dans du sucre très-léger; mais servez-vous toujours des pêches autant que vous pourrez, que ce ne soit qu'au défaut de l'un que vous vous serviez de l'autre.

En Hiver.

Prenez de bonne marmelade de pêches, qui n'aient pas le goût de vieux, il faut la délayer avec du sucre au petit lissé, (*voyez* Sucre au petit lissé, *page 65*); coupez de moitié d'eau chaude, ajoutez-y un jus de citron, ce qui rend la composition plus agréable : passez le tout au tamis de soie, & faites prendre comme il est dit ; pilez quelques amandes ameres, & mettez-les dans la composition, ce qui donnera un goût comme dans la primeur du fruit.

Glace de Poire de Rousselet.

Comme la poire de rousselet est beaucoup pierreuse, cette espece de glace est toujours sablonneuse, il faut faire attention à les passer dans un tamis bien serré, pour ôter tout le graveleux.

Si les poires ne sont pas mûres, il faut les faire blanchir ; si elles sont mûres, employez-les crues : cuites ou crues, il faut les peler, ôter le cœur & le plus pierreux ; passez ensuite ces poires au tamis bien serré, mettez une terrine dessous pour recevoir cette marmelade ; mettez dans cette marmelade du sucre au petit lissé, (*voyez* Sucre cuit au petit lissé, *page 65*); ajoutez-y un jus de citron ou deux, selon la quantité que vous avez de composition, repassez le tout au tamis de soie, & faites prendre. *Voyez* Glace, maniere de faire prendre, *page 74*.

En Hiver.

Prenez de bonne marmelade de rousselet, détrempez-la avec du sucre au petit lissé, coupez de moitié d'eau chaude, ajoutez un jus de citron, rendez la composition un peu claire, passez le tout au tamis bien serré, & faites prendre.

Glace de Bon-Chrétien.

Les glaces de bon-chrétien se font comme le rousselet, mais il faut les faire blanchir : on peut se servir de poires de Saint-Germain.

GLACE DE PRUNES.

On fait des glaces de prunes de ces trois espèces, de reine-claude, de mirabelle & de monsieur : passez les prunes au tamis à glace, une terrine dessous pour recevoir cette marmelade : tout étant passé, mettez du sucre au petit lissé, (*voyez* Sucre cuit au petit lissé, *page 65*) ; ajoutez un jus de citron, mêlez bien le tout ensemble, & faites prendre. *Voyez* Glace, manière de faire prendre, *page 74.*

Si les prunes n'étoient pas bien mûres, faites-leur faire un bouillon dans le sucre avant de les passer au tamis.

De même il faut mettre les amandes pilées dans la composition, ce qui lui donne bon goût.

Glace de Raisin.

On ne peut guere employer pour les glaces que du raisin muscat, parce que tous autres n'ont pas assez de goût : il y a plusieurs especes de muscats.

Le muscat violet d'Alexandrie.

Le muscat long ou passe-muscat d'Italie.

Le muscat long de Madere.

Le muscat Jesus, dont le grain est gros, rond, bien plus musqué que tous les autres, mais très-rare.

Le muscat de Frontignan.

S'il vous est possible d'en avoir quelqu'un de ces especes, vous serez sûr de faire d'excellente glace ; je sçai que c'est un peu difficile, sur-tout à Paris.

Composition.

Prenez le meilleur que vous pourrez trouver ; mais il faut le choisir bien mûr : s'il ne l'étoit pas, faites-lui faire un bouillon dans du sucre très-léger, & passez ensuite au tamis à glace, faites passer avec une cuiller de bois tout ce que vous pourrez, & faites prendre comme il est dit. *Voyez* Glace, maniere de faire prendre, *page 74.*

GLACE DE VERJUS.

La glace de verjus se fait comme celle de raisin.

GLACES DE CRÊME.

LA premiere attention qu'il faut avoir pour les glaces de crême, c'eſt de la goûter avant que de l'employer, ſur-tout en Été, parce qu'elle eſt ſujette à s'aigrir aiſément. Si vous ne pouvez l'employer tout de ſuite, il faut la mettre à la cave dans un ſeau à la glace, ce qui l'empêchera de s'aigrir : ne l'employez pas, ſi elle porte ſeulement au ſûr, vos glaces n'en ſeroient pas bonnes.

Prenez de la crême double, elle eſt moins long-tems à s'épaiſſir ſur le feu, & il faut moins de jaune d'œuf pour lui donner du corps.

Maniere de préparer la Crême.

Il faut quatre jaunes d'œufs pour une pinte de crême, environ un quarteron de sucre, mettez quatre jaunes d'œufs frais dans une poêle ou poêlon, un peu de sucre en pain, battez le tout, mêlez ensuite la crême peu-à-peu pour délayer les jaunes d'œufs : tout étant ensemble, mettez sur un feu doux pour faire épaissir cette crême sans qu'elle bouille, c'est-à-dire qu'elle ne fasse que fumer, ce qui fait évaporer la partie séreuse qui est considérée comme de l'eau. Lorsque la crême s'en trouve séparée, elle est bien plus grasse & délicate; faites attention de la bien tourner avec une cuiller de bois ou d'argent, tournez également & par-tout, parce que le jaune d'œuf s'attache à la poêle, & forme des petits grumeleaux qui empêchent la crême de bien épaissir ; & lorsqu'on la fait prendre, elle graine ; telles précautions que vous puissiez prendre après ne pourront y remédier,

& la congélation ne sera pas heureuse, parce que l'œuf qui s'est coagulé sur le feu, se durcit à la glace.

Tournez donc la crème, comme je le dis, jusqu'à ce qu'elle soit bien épaisse, comme une bouillie claire ; ne la laissez pas bouillir, fussiez-vous une heure à la tourner, parce que c'est de cette premiere préparation que dépend tout le fini.

Si le feu poussoit trop vîte, mettez de la cendre dessus, & laissez épaissir ; goûtez s'il y a assez de sucre : lorsque vous serez certain qu'elle est bien, ôtez-la du feu, elle épaissit encore en refroidissant ; passez-la dans un tamis, & faites refroidir, remuez de tems à autre pour empêcher qu'il ne se forme une peau épaisse dessus, & dans le fond une espece de lait clair, ce qui désunit les parties.

Voilà en général la meilleure façon de préparer toutes sortes de crêmes cuites ; il ne faut plus que vous dire comment donner les différens goûts. Je renverrai à cet Article pour éviter un nombre de répétitions qui seroient inutiles ; faites seulement attention à cet Article, pour prévenir tous inconvéniens qui pourroient arriver à la crême : en suivant de point en point, on sera sûr de bien réussir.

Autre maniere.

Pour une pinte de crême, il faut quatre œufs frais ; fouettez les blancs, jusqu'à ce qu'ils soient bien fermes; délayez pour-lors les quatre jaunes dans ces blancs, & peu-à-peu mettez la crême, remuez doucement & sucrez à propos : faites-la épaissir, & conduisez-la comme il est dit au premier Article.

Cette façon de fouetter les

blancs convient à bien des personnes, je ne peux pas la blâmer, mais j'aime mieux la premiere ; par exemple, de fouetter les blancs d'œufs pour les crêmes-vierges : cela vaut mieux, je dirai ce que j'en pense à son Article.

Glace de Crême a la Vanille.

La vanille, que les Espagnols appellent *vanilla* ou *banilla*, les Mexiquains *flixochilt*, cette agréable production nous vient du Mexique : elle nous est d'un grand secours dans l'Office, son goût agréable nous la fait employer avec succès, tant dans le chocolat, que dans les crêmes pour les glaces.

Il faut choisir les gousses de vanilles bien nourries, grosses, longues, nouvelles, pesantes, grasses, d'une odeur agréable, que la graine du dedans soit noire & luisante.

Il faut faire attention qu'elle n'ait pas été trempée dans l'huile, fraude que font ceux qui la vendent, pour faire passer les vieilles vanilles seches ; mais ils ne peuvent lui donner du parfum, en les flairant on connoîtra si elles sont humectées d'huile.

Préparer la crême comme je l'ai marqué, (*voyez* Glace de crême, maniere de la préparer, *page 143*) : lorsque tout sera ensemble, avant de la mettre sur le feu, ajoutez-y un demi ou un brin de vanille s'il est petit, que vous couperez par petits morceaux, mettez avec un très-petit morceau de cannelle, ce qui fera sortir le goût de vanille, & la rendra très-agréable ; mais il en faut peu, le trop efface le goût de vanille, ce qu'il faut éviter, puisqu'on la veut à la vanille. Faites ensuite épaissir la crême, comme il est dit : lorsqu'elle sera à son point, ôtez-la du feu & passez-la au tamis, laissez refroidir, & faites prendre comme il est dit, (*voyez* Glace, maniere de faire prendre, *page 74.*) On peut mouler cette composition en tablettes, biscuits, cannelons & en fromages, que l'on nomme *fromages glacés.*

GLACE DE CRÊME A LA CANNELLE.

C'est la même préparation que la glace de crême à la vanille : mais si vous avez de l'essence de cannelle, deux gouttes pour une pinte font le même effet, pourlors vous ne mettriez l'essence qu'après que la crême seroit épaissie & froide : pour la finir, c'est la même chose. *Voyez* Glace à la vanille, *page 147.*

Glace de Crême au Girofle.

Préparez de la crême, comme il est dit. (*Voyez* Glace de crême, maniere de la préparer, *page 143.*) Lorsqu'elle sera prête à mettre sur le feu, metrez six cloux de girofle par pinte de crême, & faites-la épaissir ; lorsqu'elle sera bien, ôtez-la du feu, & passez-la au tamis, laissez refroidir, & faites prendre comme il est dit, (*voyez* Glace, maniere de faire prendre, *page 74*) : faites attention que le girofle porte à l'âcreté, & sur-tout à la glace ; si vous ménagez ce goût, il sera agréable.

Une goutte d'essence par pinte fait le même effet que les cloux.

On peut mouler cette composition en tablettes, biscuits, cannelons & en fromages, que l'on nomme *fromages glacés.*

GLACE DE CRÊME A L'ANIS.

Préparez la crême, comme il est dit. *Voyez* Glace de crême, maniere de la préparer, *page 143.*

Mettez une pincée d'anis dans la crême, il faut ce goût très-léger : faites épaissir doucement ; lorsqu'elle sera bien, ôtez-la du feu, & passez-la au tamis, laissez refroidir, & faites prendre comme il est dit. *Voyez* Glace, maniere de faire prendre, *page 74.*

On peut mouler cette composition en tablettes, biscuits, cannelons & en fromages, que l'on nomme *fromages glacés.*

GLACE DE CRÊME AUX PISTACHES.

La pistache est une espece d'amande, dont la peau est rouge & verte, & le dedans d'un beau verd : son goût est doux & gracieux, il s'unit très-bien à la crême.

Il faut un quarteron de pistaches pour une pinte de crême double.

Moudez vos pistaches, pilez-les, arrosez-les en pilant d'un peu de crême, pour qu'elles ne tournent pas en huile, ne mettez pas trop de crême pour pouvoir les bien piler ou les broyer sur une pierre pour qu'elles soient plus fines.

Il y a des Officiers qui mettent un quartier de cédrat confit dans les pistaches en les pilant, d'autres qui y mettent quelques amandes ameres ; le tout est à la volonté. Vos pistaches bien pilées ou broyées, mêlez-les dans de la crême que vous aurez préparée, comme il est dit, (*voyez* Glace de crême, maniere de la préparer, *page 143*) : faites ensuite épaissir la crême sur un feu bien doux ;

lorsqu'elle sera à son point, ôtez-la du feu & passez-la au tamis, avec une cuiller de bois faites passer tout ce que vous pourrez des pistaches; laissez refroidir, & faites prendre comme il est dit. *Voyez* Glace, maniere de faire prendre, *page 74.*

Si vous voulez donner à la composition une couleur d'un beau verd, préparez de l'épinard comme il est dit; (*voyez* Verd d'épinards, *p. 103*): mettez-en une cuiller dans la composition pendant qu'elle est sur le feu, elle sera d'une belle couleur verte; cela ne peut faire mal, ni donner aucun goût.

On peut mouler cette composition en tablettes, biscuits, cannelons & en fromages, que l'on nomme *fromages glacés.*

GLACE DE CRÊME
AUX AMANDES.

Il faut dix-huit amandes douces

& six ameres pour une pinte de crême double, pas plus, parce que l'amande porte beaucoup à la glace, le goût se sent plus finement que chaude.

Moudez les amandes, pilez-les avec un peu de crême, pour qu'elle ne tourne pas en huile.

Etant bien pilées, mettez-les dans la crême que vous aurez préparée comme il est dit. *Voyez* Glace de crême, maniere de les préparer, *page 143*.

Lorsqu'elle sera bien épaissie, ôtez-la du feu & passez-la dans un tamis, laissez refroidir & faites prendre comme il est dit. *Voyez* Glace, maniere de faire prendre, *page 74.*

On peut mouler cette composition en tablettes, biscuits, cannelons & en fromages, que l'on nomme *fromages glacés.*

Glace de Crême de Strasbourg.

Cette composition se fait comme la précédente, à la différence que l'on prend quinze ou vingt amandes de pêches à la place des amandes douces & ameres, le fini est de même.

On peut mouler cette composition en tablettes, biscuits, cannelons & en fromages, que l'on nomme *fromages glacés*.

Glace de Crême aux Avelines.

L'aveline est une espece de noisette, mais d'une forme ronde & plus grosse : il faut choisir celle que l'on nomme *la cadriere*.

Il faut vingt à trente avelines par pintes de crême. Grillez vos avelines dans un poëlon à sec, conduisez-les doucement pour que la peau s'ôte plus facilement : lorsqu'elles commenceront à se dépouiller, il faut les ôter du feu, les bien nettoyer, ensuite les praliner, c'est-à-dire les faire cuire dans un peu de sucre au soufflé, (*voyez* Sucre cuit au soufflé, *page 67.*) Il faut que le sucre soit réduit de moitié, remuez pour-lors le tout avec une cuiller de bois jusqu'à ce que le sucre soit en poudre & les avelines bien seches, voilà ce que l'on nomme *praliner* : ensuite pilez vos avelines avec un peu de crême, pour qu'elle ne tourne pas en huile ; étant pilée bien fine, il faut mettre cette mixtion dans la crême que vous préparerez comme il est dit. *Voyez* Glace de crême, maniere de la préparer, *page 143.*

Ensuite faites épaissir le tout à petit feu : quand votre crême aura un peu de consistance, retirez-la du feu ; & passez-la sur un tamis à glace ; avec une cuiller de bois, faites passer tout ce qu'il vous sera possible, laissez refroidir & faites prendre comme il est dit. *Voyez* Glace, maniere de faire prendre, *page 74.*

On peut mouler cette composition en tablettes, biscuits, cannelons & en fromages, que l'on nomme *fromages glacés.*

GLACE DE CRÊME AUX TRUFFES.

Il y en a plusieurs especes, de blanches, de griles, de noires, celles du Piémont ont le goût d'ail.

Il faut un quarteron de truffes par pinte de crême : faites-les cuire dans de l'eau avec un peu de sel ; ensuite ôtez la peau, & les pilez, arrosez-les d'un peu de crême ; lorsque cette mixtion sera bien pilée, mettez-la dans la crême que vous préparerez comme il est dit, (*voyez* Glace de crême, maniere de la préparer, *page 143.*) Faites-la épaissir sur un feu doux: lorsqu'elle aura un peu de consistance, ôtez-la du feu & passez-la au tamis; avec une cuiller de bois, faites passer tout ce qu'il vous sera possible, laissez refroidir & faites prendre. *Voyez* Glace, maniere de faire prendre, *page 74.*

On peut mouler cette composition en tablettes, biscuits, cannelons & en fromages, que l'on nomme *fromages glacés*.

GLACE DE CRÊME AUX MARONS.

Le maron est l'espece mâle de la châtaigne, mais bien plus gros, d'un meilleur goût; ceux de la Comté du Luc sont les plus estimés, ainsi que ceux de Lyon.

Il faut vingt marons pour une pinte de crême simple ; faites-les griller, épluchez-les, pilez-les en les arrosant d'un peu de crême, passez ensuite cette mixtion sur un tamis à glace. Tout étant passé, mettez-la dans la crême que vous préparerez comme il est dit, (*voyez* Glace de crême, maniere de la préparer, *page 143*.) Faites-la épaissir sur un feu doux, elle épaissit aisément : lorsque vous la sentirez à une certaine consistance, ôtez la du feu, & passez-la au tamis pour ôter le plus gros qui auroit pû passer la premiere fois, laissez refroidir & faites prendre comme il est dit. *Voyez* Glace, maniere de faire prendre, *page 74.*

Si l'on veut donner à cette composition un goût très-agréable, lorsque vous l'avez préparée avant de la mettre sur le feu, mettez dedans un peu de vanille hachée & un demi-tiers de cannelle, & faites épaissir, cela donne aux marons un goût excellent : vous ne mettrez que de la vanille si vous voulez, le tout est à la volonté.

Si l'on veut servir des marons glacés en surprises, la veille que l'on veut en servir, il faut mettre trente ou quarante marons trempés dans l'eau chaude pour amollir la coque, & qu'elle soit plus aisée à vuider, le lendemain faites une ouverture aux marons du côté de la pointe avec un couteau, ôtez doucement & par petits morceaux les marons, & surtout ne déchirez pas la coque : lorsqu'ils seront tous vuidés, laissez-les un peu sécher jusqu'à ce que la composition soit bien prise, alors vous les emplirez avec une petite cuiller de la congelation, & refermez-les bien proprement ; mettez-les à mesure dans une sarbotiere

sarbotiere que vous aurez mise à la glace, & forcez de sel ou salpêtre un peu sur le couvercle, pour que les marons reprennent ferme.

Il faut commencer de bonne heure, pour avoir le tems de les bien faire. Si l'on fait attention de les emplir proprement, ils seront comme dans leur naturel ; servez-les sous une serviette comme des œufs.

On peut mouler cette composition en tablettes, biscuits, cannelons & en fromages, que l'on nomme *fromages glacés*.

GLACE DE CRÊME AUX NOIX.

Il faut choisir les noix belles, bien saines, point moisies, cassez-les ; ôtez le zeste & pilez-les, mettez un peu de crême en pilant, pour qu'elle ne tourne pas en huile ; faites épaissir la crême que vous préparerez, comme il est dit, (*voyez* Glace de crême, maniere de la préparer, *page 143.*) Lorsque la crême commencera à épaissir, mettez les noix pilées dedans ; continuez de tourner ; lorsqu'elle sera bien épaisse, ôtez-la du feu, passez-la au tamis, & avec une cuiller de bois faites passer tout ce qui pourra passer, laissez refroidir, & faites prendre comme il est dit. *Voyez* Glace, maniere de faire prendre, *page 74.*

Si l'on veut servir des noix glacées en surprise, faites tremper de belles coquilles de noix dans de l'eau bouillante, pour les nettoyer facilement & ôter le zeste ; étant propres, il faut les faire sécher, & lorsque la composition est prise, emplissez les coquilles & mettez deux moitiés ensemble, ce qui forme la noix : mettez-les à mesure dans une cave ou sarbotiere; si vous en avez peu, l'une ou l'autre, il faut la mettre à la glace un moment avant que d'emplir vos noix : lorsqu'elles seront toutes pleines, bouchez bien la cave où sarbotiere, couvrez-la de glace, de sel ou salpêtre, & un torchon dessus.

Au moment de les servir, vous mettrez vos noix sous une serviette, comme des œufs frais.

Dans la saison des noix, il faut garder des coquilles de ces grosses noix, nommées *noix de moulins* : elles sont plus aisées à emplir, il tient dedans plus de composition, & font plaisir à voir.

On peut mouler cette composition en tablettes, biscuits, cannelons & en fromages, que l'on nomme *fromages glacés*.

GLACE DE CRÊME AUX NOIX D'ACAJOU.

L'acajou est une noix de la

forme d'un rognon de lievre, qui renferme une amande dont la substance est blanche, pleine d'un sucre doux, un peu acerbe, mais très-bon pour l'estomac. Cette amande est très-bonne grillée, pralinée & dans la crême.

Ce fruit croît dans tous les endroits du Malabare & au Bréfil, les Indiens en tirent une liqueur qui enivre comme du vin.

Composition.

Caffez trente noix d'acajou, prenez les amandes & faites-les griller à sec dans un poëlon, conduisez-les doucement pour ne les pas brûler : lorsque vous verrez la peau s'entrouvrir & se détacher, ôtez les amandes du feu & dépouillez-les de leur peau ; enfuite pralinez-les de cette maniere, mettez vos amandes dans un poëlon avec un peu de sucre au soufflé, (*voyez* Sucre cuit au soufflé, *page 67.*) Lorsqu'il sera diminué de moitié, remuez bien le tout avec une cuiller de bois jusqu'à ce que le tout soit sec, voilà ce que l'on nomme *praliner*.

Vos noix ainsi préparées, il faut les piler avec un peu de crême, pour qu'elle ne tourne pas en huile; préparez ensuite de la crême comme il est dit, (*voyez* Glace de crême, maniere de préparer; *page 143.*) Avant de la mettre sur le feu, mettez vos noix pilées dedans, & faites épaissir comme il est dit. Lorsque votre crême aura un peu de consistance, ôtez-la du feu, passez-la au tamis à glace avec une cuiller de bois, faites passer tout ce que vous pourrez, laissez refroidir & faites prendre comme il est dit. *Voyez* Glace, maniere de faire prendre, *page 74.*

On peut mouler cette composition en tablettes, biscuits, cannelons & en fromages, que l'on nomme *fromages glacés*.

GLACE DE CRÊME AU PAIN DE SEIGLE.

Préparez de la crême, comme il est dit, (*voyez* Glace de crême, maniere de la préparer, *page 143.*) Lorsqu'elle sera suffisamment épaisse, émiettez un morceau de mie de pain de seigle que vous mettrez dedans, laissez-la un moment sur le feu pour lui faire prendre corps avec le pain ; ensuite passez le tout au tamis avec une cuiller de bois, faites passer un peu du pain, laissez refroidir & faites prendre comme il est dit. *Voyez* Glace, maniere de faire prendre, *page 74.*

On peut mouler cette composition en tablettes, biscuits, cannelons & en fromages, que l'on nomme *fromages glacés au pain de seigle.*

GLACE DE CRÊME BRULÉE.

Préparez de la crême, comme il est dit, (*voyez* Glace de crême, maniere de la préparer, *page 143.*) Lorsque la crême sera réduite, faites griller du sucre : de cette façon mettez deux cuillerées de sucre en poudre dans un poëlon sans eau, & faites-le griller ; lorsqu'il sera d'une belle couleur brune-foncée, mettez un peu de crême pour le décuire, avec une cuiller ; remuez bien pour que le sucre se mêle avec la crême. Servez-vous de cette crême, pour donner le goût de brûlé à l'autre crême : mettez-la doucement & goûtez, crainte d'en trop mettre, parce que ce goût porte beaucoup, mais mis à propos, il est agréable : lorsque la crême aura assez de goût, passez-la au tamis, laissez refroidir, & faites prendre comme il est dit, (*voyez* Glace, manire de faire prendre, *page 74.*) Faites attention que le goût d'amer se fait plus sentir à la glace que chaud.

On peut mouler cette composition en tablettes, biscuits, cannelons & en fromages, que l'on nomme *fromages glacés*.

Crême au Houacaca.

L'houacaca que l'on vend à Paris, est d'une couleur brune ou cannelle, à-peu-près comme le tabac d'Espagne, on l'achete en poudre : je ne peux rien dire de son origine, mais je sçais qu'on le fait venir de Portugal ; plusieurs Droguistes m'ont dit que c'étoit un composé de cannelle & d'ambre ; on lui reconnoît la propriété de rechauffer l'estomac.

Préparez de la crême comme il est dit, (*voyez* Glace de crême, maniere de la préparer, *page 143*.) Lorsque la crême sera réduite, & que vous l'aurez ôtée du feu & passée au tamis, mettez une ou deux cuillerées de houacaca dedans, laissez refroidir & faites prendre comme il est dit. *Voyez* Glace, maniere de faire prendre, *page 74*.

On peut mouler cette composition en tablettes, biscuits, cannelons & en fromages, que l'on nomme *fromages glacés*.

GLACE DE CRÊME AU CACAO.

Le cacao est une amande avec laquelle on fait le chocolat. Ce fruit croît aux Indes. On distingue de quatre sortes de cacao, le gros & le petit caraque, le gros & le petit cacao.

Le gros caraque vient du Mexique, il croît aux environs de la Ville de Caracos, ce qui fait qu'on le nomme *caraque* : on le diftingue des trois autres efpeces, parce qu'il eft plus gros, d'une forme plate, point amer & très-onctueux. Mais comme on emploie tous les cacaos, & qu'il faut avoir une parfaite connoiffance pour les bien diftinguer, contentez vous de le choifir gros, pefant, qu'il n'ait point le goût de verd ni de moifi.

On achete le cacao chez les Epiciers ou Fabriquans de chocolat, qui le vendent tout grillé ou fans être grillé.

Maniere de griller.

Mettez le cacao dans une poële à griller le caffé, faites-le griller de même, mais conduifez-le doucement pour qu'il ne foit point ravi, & qu'il fe grille également. Lorsque vous voyez qu'il sera bien sec & qu'il se dépouille lui-même de sa coque, il faut le reretirer du feu, & le nettoyer de cette coque qui doit s'ôter facilement, si vous avez eu le soin de le conduire doucement. S'il étoit trop brûlé, il porte à l'âcreté, & ne produit point à la crême un goût si agréable.

Composition.

Pour une pinte de crême double, il faut deux onces de cacao tout grillé ; battez deux blancs d'œufs avec du sucre en poudre, jusqu'à ce que vous en ayez formé une espece de pâte claire, ce que l'on nomme *Glace Royale*.

Délayez dans cette glace votre pinte de crême, & faites-la ensuite épaissir sur un feu doux, & tournez-la également ; il ne faut point qu'elle bouille.

Suivez bien cet Article, & ne laiſſez nulle part votre crême s'attacher dans la poêle, goûtez-la pour voir s'il y a ſuffiſamment de ſucre ; lorſqu'elle ſera épaiſſie, ſéparée de la partie ſéreuſe, ôtez-la du feu.

Mettez le cacao dans une ſarbotiere, écraſez-le un peu, & jettez deſſus la crême toute chaude, fermez vîte la ſarbotiere pour empêcher que le parfum du cacao ne s'évapore ; mettez la ſarbotiere au bain-marie dans de l'eau chaude, éloignée du feu, mais que cette eau conſerve un degré de chaleur ſuffiſant pour que l'infuſion ſe faſſe bien : laiſſez le tout en cet état une heure & demie ou deux heures ; après ce tems, paſſez la crême au tamis de ſoie ſans la preſſer, laiſſez refroidir, & faites prendre comme il eſt dit. *Voyez* Glace, maniere de faire prendre, *page 74.*

Si vous voulez donner à cette crême un goût avec celui de cacao, tel que d'ambre, de cannelle ou de vanille ; cela est très-possible, pour-lors au moment que votre crême est prête à mettre sur le feu, vous y ajouterez un grain d'ambre, ou un peu de cannelle ou de vanille, & continuez du reste comme il est dit. Je ne crois pas qu'il soit possible de prendre de meilleures glaces dans l'espece de crême.

On peut mouler cette composition en tablettes, biscuits, cannelons & en fromages, que l'on nomme *fromages glacés*.

GLACE DE CRÊME AU CHOCOLAT BLANC.

C'est la même préparation que la précédente ; mais avant de mettre la crême sur le feu, il faut mettre dedans un demi-grain d'ambre, la moitié d'un brin de vanille, & le poids de deux grains de cannelle, continuez la préparation comme il est dit, & vous aurez une glace que l'on peut nommer *délicieuse*.

Glace de Crême au Safran.

Préparez de la crême comme il est dit, (*voyez* Glace à la crême, maniere de la préparer, page 143.) En la préparant, mettez un peu de safran dedans, faites-la épaissir ; lorsqu'elle sera bien, passez au tamis & laissez refroidir, & faites prendre. *Voyez* Glace, maniere de faire prendre, page 74.

On peut mouler cette composition en tablettes, biscuits, cannelons & en fromages, que l'on nomme *fromages glacés*.

Glace de Crême au Cédrat.

Préparez de la crême comme

il est dit, (*voyez* Glace de crême, maniere de la préparer, *page 143.*) Lorsque la crême sera un peu épaissie, zestez un cédrat, & mettez le zeste dedans, & non pas le jus, achevez de faire épaissir : étant d'une bonne consistance, passez-la au tamis, laissez refroidir, & faites prendre comme il est dit. *Voyez* Glace, maniere de faire prendre, *page 74.*

On peut mouler cette composition en tablettes, biscuits, cannelons & en fromages, que l'on nomme *fromages glacés.*

GLACE DE CRÊME AUX ORANGES DE MALTE.

Préparez de la crême comme il est dit, (*voyez* Glace de crême, maniere de la préparer, *page 243.*) Lorsque la crême sera un peu épaissie, zestez une orange de Malte, mettez ce zeste dedans, & non pas le jus ; achevez de faire épaissir; lorsqu'elle sera d'une bonne consistance, passez-la au tamis, laissez refroidir, & faites prendre. *Voyez* Glace, maniere de faire prendre, *page 74.*

On peut mouler cette composition en tablettes, biscuits, cannelons & en fromages, que l'on nomme *fromages glacés*.

GLACE DE CRÊME DE FLEURS D'ORANGE.

Préparez de la crême comme il est dit, (*voyez* Glace de crême, maniere de la préparer, *page 143*.) Etant ainsi préparée, avant de la mettre sur le feu, mettez une pincée de fleurs d'orange fraîches ou pralinées, & faites-la épaissir à petit feu : lorsqu'elle aura assez de consistance, ôtez-la du feu, passez-la au tamis, laissez refroidir & faites prendre, (*voyez* Glace, maniere de faire prendre;

page 74.) Ce goût de fleurs d'orange est très-bon.

On peut mouler cette composition en tablettes, biscuits, cannelons & en fromages, que l'on nomme *fromages glacés.*

GLACE DE CRÊME DE FLEURS D'ORANGE GRILLÉE.

Préparez de la crême comme il est dit, (*voyez* Glace de crême, maniere de la préparer, *page 143.*) En préparant la crême, mettez dedans une pincée de fleurs d'orange fraîche où pralinée, faites ensuite griller un peu de sucre en poudre dans un poëlon sans eau : lorsqu'il sera d'une belle couleur brune, il faut le décuire avec un peu de crême : servez-vous de cette crême brûlée pour donner le goût à l'autre ; n'en mettez pas beaucoup, ce goût porte à l'âcreté, sur-tout étant froid ; faites ensuite épaissir le tout, lorsque la crême sera d'une bonne consistance, ôtez-la du feu & passez au tamis, laissez refroidir & faites prendre, (*voyez* Glace, maniere de faire prendre, *page 74.*) Le goût de fleurs d'orange & de grillé vont très-bien ensemble, quantité de personnes aiment cette espece de glace.

On peut mouler cette composition en tablettes, biscuits, cannelons & en fromages, que l'on nomme *fromages glacés*.

GLACE DE CRÊME AU CAFFÉ BLANC.

Pour une pinte de crême double, il faut un quarteron de caffé. Battez deux blancs-d'œuf avec du sucre en poudre, jusqu'à ce que vous en ayez formé une espece de pâte claire, ce que l'on nomme *Glace Royale* : délayez dans cette glace votre pinte de crême, faites ensuite épaissir le tout sur un feu doux, tournez-la également pour que l'œuf ne s'attache point à la poêle ; ne laissez point bouillir votre crême, il faut seulement qu'elle fume pour que la partie séreuse s'évapore. Goûtez votre crême, pour voir s'il y a suffisamment de sucre : si elle est bien & qu'elle ait du corps, ôtez-la du feu, & mettez la dans une sarbotiere. Grillez ensuite le caffé, & lorsqu'il sera bien, surtout pas trop brûlé, jettez-le dans la crême tout chaud, fermez vîte la sarbotiere, pour empêcher que le parfum du caffé ne s'évapore. Mettez ensuite la sarbotiere au bain-marie dans de l'eau chaude, éloignée du feu, mais que cette eau conserve un degré de chaleur suffisante pour que l'infusion se fasse bien, laissez le tout en cet état une heure & demie ou deux heures ; après ce tems, passez la crême au tamis de soie sans la presser, laissez refroidir & faites prendre, (*voyez* Glace, maniere de faire prendre, *page 74.*) Cette façon vaut mieux que de faire distiller le caffé, parce que l'eau de la distillation défunit les parties grasses de la crême.

On peut mouler cette composition en tablettes, biscuits, cannelons & en fromages, que l'on nomme *fromages glacés.*

GLACE DE CRÊME AU CAFFÉ BRUN.

Préparez de la crême comme il est dit, (*voyez* Glace de crême, maniere de la préparer, *page 143.*) Faites réduire du caffé des deux tiers, & mettez-en dans la crême modérément, pour que le goût soit agréable, parce que le caffé dans la glace devient âcre ;

sucrez à propos, à cause du caffé : faites réduire la crême ; lorsqu'elle sera à un certain point de consistance, ôtez-la du feu, laissez-la refroidir, & faites prendre comme il est dit. *Voyez* Glace, maniere de faire prendre, *page 74.*

On peut mouler cette composition en biscuits, tablettes, cannelons & en fromages, que l'on nomme *fromages glacés.*

Glace de Crême au Biscuit.

Préparez de la crême comme il est dit, (*voyez* Glace de crême, maniere de la préparer, *page 143.*) Lorsque la crême sera à moitié réduite, émiettez dedans un gros biscuit, & continuez de faire épaissir comme il est marqué, ce qui ne tardera pas : étant bien réduite, passez au tamis à glace, avec une cuiller, faites passer tout ce qui pourra, laissez refroidir & faites prendre comme il est dit, (*voyez* Glace, maniere de faire prendre, *page 74.*) On peut mouler cette composition en fromages, en biscuits, cela est à la volonté : mais si vous les mettez en biscuits, il faut mettre dessus une croûte de biscuit, pour leur donner plus de ressemblance ; ou bien, émiettez du biscuit sec, que vous saupoudrerez avec un tamis.

GLACE DE CRÊME AUX MACARONS D'AMANDES AMERES.

Préparez de la crême comme il est dit, (*voyez* Glace de crême, maniere de la préparer, *page 143.*) Lorsque la crême sera à moitié réduite, émiettez dedans une douzaine de macarons d'amandes ameres, & continuez de faire épaissir jusqu'à ce que la crême soit de bonne consistance ; ôtez-la du feu, passez-la au tamis à glace, faites passer tout ce que vous pourrez avec une cuiller, laissez refroidir & faites prendre, (*voyez* Glace, maniere de faire prendre, *page 74.*) Si vous voulez mouler cette composition en fromages ou en biscuits, cela est à la volonté ; mais si vous la moulez en biscuits, il faut saupoudrer dessus un peu de macaron sec passé au tamis.

Glace de Crême aux Macarons d'Avelines.

C'est la même préparation que celle ci-devant, à la différence qu'il faut se servir de macarons d'avelines, & non point de ceux d'amandes ameres.

Glace de Crême a l'Italienne.

Préparez de la crême comme il est dit, (*voyez* Glace de crême, maniere de la préparer, *page 143*.) Avant de la mettre sur le feu, pilez un quartier de cédrat, un quartier d'orange, un quartier de citron, le tout confit : étant bien pilés, mettez cette marmelade dans la crême que vous avez préparée ; faites ensuite épaissir jusqu'à bonne consistance, & l'ôtez du feu, passez-la au tamis ; faites passer tout ce que vous pourrez, laissez-la refroidir, & faites prendre comme il est dit. *Voyez* Glace, maniere de faire prendre, *page 74*.

On peut mouler cette composition en tablettes, biscuits, cannelons & en fromages, que l'on nomme *fromages glacés à l'Italienne*.

GLACE DE CRÊME AU POTPOURRI.

Voyez Glace à l'Italienne, c'est la même façon, à la différence que vous

vous mêlez plusieurs goûts ensemble, comme des pêches, des abricots, du cédrat, de l'orange, le tout confit, ce qui forme un goût très-agréable, & indéfini : de tout autre goût, il en est de même, comme de mettre de l'ambre, de la cannelle, du girofle, du macis, de l'aloës ; ou si vous voulez au-lieu de sucre en pain, mettez plusieurs morceaux de candi de différens goûts, ou bien du sucre rétors, le tout à la volonté.

On peut mouler cette composition, & en faire des tablettes, des biscuits, des cannelons ou fromages, que l'on nomme *fromages glacés*.

GLACE DE CRÊME AUX ŒUFS.

Préparez de la crême comme il est dit, (*voyez* Glace de crême, manière de la préparer, *page 143.*) Lorsque la crême sera à moitié épaissie, émiettez dedans des jaunes d'œufs durs, il en faut huit par pinte : continuez de faire épaissir jusqu'à consistance ; ôtez-la du feu, & passez-la au tamis à glace, faites passer avec une cuiller tout ce que vous pourrez, laissez refroidir, & faites prendre. *Voyez* Glace, maniere de faire prendre, *page 74*.

On peut mouler cette composition en tablettes, biscuits, cannelons & en fromages, qu'on nomme *fromages glacés*.

GLACE DE CRÊME AU RIS.

Mettez dans une poêle trois cuillerées de farine de ris passée au tambour, trois blancs d'œufs, du sucre en poudre : battez le tout ensemble, ensuite délayez doucement un pinte de crême double ; faites épaissir sur un feu doux, & tournez également pour que l'œuf ne s'attache point à la poële, ce qui formeroit des grains dans la congelation. Cette crême ne tarde pas à épaiſſir, ne la laiſſez pas long-tems ſur le feu, ſur-tout qu'elle ne bouille point, qu'elle ne faſſe que fumer, elle épaiſſit encore en refroidiſſant : lorſque vous la croirez comme je vous l'ai dit, ôtez-la du feu, paſſez-la au tamis de ſoie, laiſſez refroidir, & faites prendre comme il eſt dit. *Voyez* Glace, maniere de faire prendre, *page 74.*

On peut mouler cette compoſition dans des moules en tablettes, biſcuits, cannelons ou fromages, que l'on nomme *fromages glacés.*

GLACE DE CRÊME AU CHOCOLAT.

Rapez une livre de chocolat, & faites-le reſſuer ; c'eſt-à-dire, de le mettre dans un poêlon sans eau, & l'amollir sur le feu en le remuant avec une cuiller d'argent. Lorsqu'il sera amolli, mettez peu-à-peu de la crême, & délayez-le bien ; continuez d'en mettre jusqu'à une pinte, délayez ensuite trois jaunes d'œufs avec un peu de sucre ; mettez le tout ensemble, faites épaissir sur un feu doux : mais il ne faut pas que la composition bouille ; lorsqu'elle sera un peu épaissie, ôtez la du feu, passez-la au tamis, laissez refroidir & faites prendre. *Voyez* Glace, maniere de faire prendre, *page 74.*

On peut mouler cette composition en tablettes, biscuits, cannelons & en fromages, qu'on nomme *fromages glacés.*

GLACE DE CRÊME AUX CERNEAUX.

Il faut que les cerneaux soient

bien pleins, sans quoi ils n'ont pas de goût, & la composition n'en est point bonne ; mais lorsqu'ils sont un peu mûrs, vous pourrez les employer : prenez trente à quarante cerneaux, bien ôter la peau & les praliner de cette maniere ; mettez-les dans un poëlon avec un peu de sucre au soufflé, (*voyez* Sucre cuit du soufflé, *page 67*.) Laissez bouillir le tout ensemble ; & lorsque le sucre sera un peu réduit, remuez avec une cuiller, jusqu'à ce qu'il soit en poudre & bien sec ; ne le laissez pas roussir, ôtez-le du feu, & pilez-le avec un peu de crême : étant pilé, il faut mettre cette marmelade dans de la crême que vous préparerez comme il est dit. *Voyez* Glace de crême, maniere de la préparer, *page 143*.

Faites ensuite épaissir le tout à petit feu : lorsque la crême aura un peu de consistance, retirez-la du feu, & passez-la sur un tamis à glace; avec une cuiller de bois faites passer tout ce qu'il vous sera possible, laissez refroidir, & faites prendre comme il est dit, (*voyez* Glacé, maniere de faire prendre, *page 74.*) On peut mouler cette composition dans des coquilles de noix, comme il est dit à l'Article de la crême aux Noix, *page 161*, ou en faire des fromages glacés, des tablettes, biscuits, cannelons & autres.

Glace de Crême aux Fraises.

Ecrasez environ plein les deux mains de fraises, passez-les au tamis, & délayez cette marmelade avec une pinte de crême double: sucrez cette composition à propos, & faites-la épaissir sur un feu doux, sans qu'elle bouille, il faut seulement qu'elle fume; & lorsqu'elle aura un peu de consistan-

dir & faites prendre. *Voyez* Glace, maniere de faire prendre, *page 74.*

On peut mouler cette composition en tablettes, biscuits, cannelons & en fromages, que l'on nomme *fromages glacés.*

Autre maniere.

Préparez & faites épaissir une pinte de crême comme il est dit, (*voyez* Glace de crême, maniere de la préparer, *page 143*.); mais il ne faut point lui donner ni goût, ni odeur. Lorsqu'elle sera ainsi préparée, faites-la prendre comme il est dit. *Voyez* Glace, maniere de faire prendre, *page 74.*

Quand vous dresserez vos glaces dans les gobelets, jettez par-dessus de belles fraises, qui s'y collent aisément, & servez.

GLACE DE CRÊME AUX FRAMBOISES.

Si c'est en Eté, passez environ un panier de framboises sur un tamis à glace, délayez-les avec une pinte de bonne crême, battez deux blancs d'œufs avec du sucre en poudre, ajoutez cela à la crême ; mettez le tout dans une poële, pour le faire épaissir sur un feu doux sans bouillir ; tournez également, crainte que l'œuf ne s'attache à la poële, & ne fasse caillebotter la crême : goûtez s'il y a suffisamment de sucre ; lorsqu'elle aura pris un peu de consistance, ôtez-la du feu ; laissez refroidir, & faites prendre comme il est dit. *Voyez* Glace, maniere de faire prendre, *page 74.*

Si c'est en Hiver, prenez de la marmelade de framboise, & faites la même chose comme il est dit ci-devant ; prenez garde de trop sucrer, à cause du sucre de la marmelade.

On peut mouler cette composition en tablettes, biscuits, cannelons & en fromages, que l'on nomme *fromages glacés.*

Glace de Crême aux Fromages.

Rapez un demi-quarteron de fromage de Parmesan, un quarteron & demi de fromage de Griere, délayez le tout avec quatre jaunes d'œuf, un peu de crême & du sucre; achevez d'y mettre une pinte de crême, & faites épaissir sur un feu doux; remuez bien par toute la poêle, pour que le fromage ne s'attache pas, sur-tout ne faites pas bouillir : laissez bien fondre le fromage de Parmesan, qui est dur par lui-même; goûtez s'il y a suffisamment de sucre. Lorsque votre crême aura pris de la consistance, & que le fromage sera bien dissout, ôtez-la du feu, passez-la au tamis, laissez refroidir & faites prendre. *Voyez* Glace, maniere de faire prendre, *page 74*.

On peut mouler cette composi-

tion en tablettes, biscuits, cannelons & en fromages, que l'on
nomme *fromages glacés*.

Glace de Crême aux Échaudés.

C'est la même préparation que celle au biscuit. *Voyez* Glace de crême au biscuit, *page 181*.

Mais vous ne vous servirez que d'échaudés, & non pas de biscuits.

Glaces de Crême vierge ou Crême naturelle.

ON entend par *crêmes vierges* toutes celles que l'on ne fait pas cuire, & dont les goûts que l'on leur donne ne changent point la couleur.

Si le goût que vous donnez à la crême change sa couleur, on la nomme *crême naturelle*, à telle chose, comme au caffé, au chocolat, aux biscuits, aux framboises, &c.

GLACE DE CRÊME VIERGE.

Maniere de la préparer.

J'ai dit à l'Article *Crême*, que comme les crêmes cues ne vont point sur le feu, on ne peut les séparer de leur partie séreuse, & que par conséquent il ne faut employer que de la crême double, bien séparée du lait ; de même faites attention de la goûter, l'Eté sur-tout, tems où elle aigrit facilement. Si vous ne l'employez sitôt que l'on vous l'apporte, il faut la mettre à la cave, ou dans un vase à la glace, jusqu'au moment que vous pourrez l'employer : vous lui donnez tel goût que vous voulez. Ce qui va être dit à la suite je renverrai à cet Article, pour éviter des répétitions qui feroient inutiles.

Sucrez toutes ces crêmes avec du sucre en poudre, faites-le bien fondre pour qu'il s'unisse plus intimement à ses parties grasses ; mais sur-tout ne vous servez point de sucre clarifié, parce qu'il est pour la crême un corps étranger. Ce que j'ai déja dit à l'Article du *Sucre* : il y a beaucoup d'Officiers qui s'en servent, mais ne partez point de ce principe.

Maniere de préparer la Crême vierge avec des blancs d'œufs fouettés.

Fouettez quatre blancs d'œufs frais ; mais il faut qu'ils soient bien fermes & bien fouettés en neige : lorsqu'ils sont ainsi préparés, délayez-les avec une pinte de bonne crême double, & sucrez avec du sucre en poudre ; donnez tel goût que vous voudrez, comme il va être dit à la suite.

Cette façon de mettre les blancs d'œufs fouettés dans la crême la rend, lorsqu'elle est prise, légere & délicate.

Cette maniere de la préparer vaut mieux que de mettre de la crême fouettée.

Glace de Crême naturelle au Caffé blanc.

Mettez une pinte de bonne crême dans un vase qui ferme bien, ou dans une sarbotiere. Brûlez un quarteron de caffé Moka, ne le brûlez pas trop ; jettez-le dans la crême ; bouchez le vase, & mettez-le au bain-marie à l'eau chaude, mais point bouillante : laissez faire l'infusion une heure ou deux, passez ensuite la crême au tamis pour ôter le caffé ; sucrez à propos avec du sucre en poudre, & faites prendre. *Voyez* Glace, maniere de faire prendre, *page 74.*

Si vous voulez préparer la crême avec des blancs d'œufs, fouettez avant que de lui donner du goût. *Voyez* la maniere, *page 196.*

Glace de Crême naturelle au Caffé brun.

Faites réduire du caffé à l'eau aux trois quarts, & avec cette réduction donnez goût à la crême; fucrez avec du sucre en poudre, & faites prendre, (*voyez* Glace, maniere de faire prendre, *page 74*); sucrez beaucoup, à cause de l'âcreté du caffé.

Si vous voulez préparer cette crême avec des blancs d'œufs, fouettez avant de lui donner du goût. *Voyez* la maniere, *page 196.*

GLACE DE CRÊME NATURELLE A LA VANILLE.

Pilez un brin de vanille avec du sucre en pain, elle se pile mieux : passez-la à mesure au tamis de soie ; ce qui ne pourra pas passer, il faut le piler jusqu'à ce que tout soit en poudre fine. Mettez cette vanille dans une pinte de crême ou trois chopines, achevez de sucrer avec du sucre en poudre, & faites prendre. *Voyez* Glace, *maniere de faire prendre, page 74.*

Si vous voulez préparer cette crême avec des blancs d'œufs, fouettez avant de lui donner du goût. *Voyez la maniere, page 196.*

GLACE DE CRÊME NATURELLE A LA CANNELLE.

C'est la même façon que celle à la vanille : mais si vous avez de l'essence de cannelle, deux gouttes suffisent pour une pinte de crême ; sucrez avec du sucre en poudre, & faites prendre. *Voyez* Glace, maniere de faire prendre, *page 74.*

Si vous voulez préparer cette crême avec des blancs d'œufs, fouettez avant de lui donner du goût. *Voyez* la maniere, *page 196.*

GLACE DE CRÊME NATURELLE AU HOUACACA.

Mettez dans une terrine deux cuillerées de houacaca une demi-livre de sucre en poudre, & délayez le tout avec trois chopines de crême, & faites prendre. *Voyez* Glace, maniere de faire prendre, *page 74.*

Si vous voulez préparer cette crême avec des blancs d'œufs, fouettez avant que de lui donner du goût. *Voyez* la maniere, *page 196.*

Glace de Crême naturelle au Pain de Seigle.

Emiettez un quarteron de mie de pain de seigle, & passez-la au tamis clair; mettez cette mie dans une terrine, & délayez-la avec une pinte de bonne crème; sucrez avec du sucre en poudre, & faites prendre. *Voyez* Glace, maniere de faire prendre, *page 74.*

Si vous voulez préparer cette crême avec des blancs d'œufs, fouettez avant de lui donner du goût. *Voyez* la maniere, *page 196.*

Glace de Crême vierge a l'Ambre.

Dans une pinte de crême, mettez deux gouttes d'essence d'ambre, ou un grain d'ambre en poudre;

sucrez à propos avec du sucre en poudre, & faites prendre. *Voyez* Glace, maniere de prendre, *page 74.*

Si vous voulez préparer cette crême avec des blancs d'œufs, fouettez avant que de lui donner du goût. *Voyez* la maniere, *page 196.*

GLACE DE CRÊME NATURELLE FRAMBOISÉE.

Délayez huit cuillerées de marmelade de framboises dans une pinte de crême; ou des framboises, si c'est la saison : sucrez avec du sucre en poudre, & passez le tout au tamis pour bien délayer la marmelade, & ôtez les petits pépins des framboises, faites prendre comme il est dit. *Voyez* Glace, maniere de faire prendre, *page 74.*

Si vous voulez préparer cette

crême avec des blancs d'œufs, fouettez avant que de lui donner du goût. *Voyez* la maniere, *page* 196.

Glace de Crême naturelle aux Fraises.

Elle se fait de la même maniere que la crême naturelle framboisée. *Voyez* l'Article *ci-dessus*.

Glace de Crême naturelle a l'Italienne.

Pilez un quartier de cédrat, un quartier d'orange, deux ou trois abricots; le tout confit; étant pilé, délayez cette marmelade avec une pinte de crême douce, ensuite passez le tout au tamis à glace; avec une cuiller faites passer tout ce que vous pourrez, sucrez avec du sucre en poudre, & faites prendre comme il est dit. *Voyez* Glace, maniere de faire prendre, *page 74*.

Si vous voulez préparer cette crême avec des blancs d'œufs, fouettez avant que de lui donner du goût. *Voyez* la maniere, *page* 196.

GLACE DE CRÊME NATURELLE AU BISCUIT.

Faites détremper un gros biscuit dans de la bonne crême ; ensuite faites passer au tamis un peu clair, pour faire passer le biscuit aisément ; mettez-y du sucre en poudre, & faites prendre. *Voyez* Glace, maniere de faire prendre, *page 74*.

Si vous voulez préparer cette crême avec des blancs d'œufs, fouettez avant que de lui donner du goût. *Voyez* la maniere, *page* 196.

GLACE DE CRÊME NATURELLE AUX MACARONS.

Elle se fait comme celle au biscuit. *Voyez* l'Article *ci-dessus*.

GLACE DE CRÊME NATURELLE A LA GENTILLY.

C'est de la crême fouettée que l'on fait prendre dans la sarbotiere, au-lieu de la faire prendre dans un moule à fromage, comme il est dit à l'Article *Fromage à la Genuilly*. C'est la même maniere de lui donner le goût que l'on veut, & de la fouetter.

GLACE DE CRÊME NATURELLE AU CÉDRAT.

Rapez un cédrat sur du sucre en pain; avec un couteau, ôtez cette rapure, & mettez-la dans une pinte ou trois chopines de crême bien douce: tout le cédrat étant rapé, passez la crême au tamis, sucrez à propos avec du sucre en poudre ; & faites prendre comme il est dit, (*voyez* Glace, manière de faire prendre, *page 74.*) Pour tous les fruits de Provence, c'est la même façon, il ne faut jamais mettre le jus du fruit, les glaces de crême naturelle que l'on fait à l'essence ne sont jamais si bonnes qu'avec le zeste du fruit.

Glace de Crême naturelle
a l'Orange,
a la Bergamotte,
a la Bigarade,
a la Lime-douce,
au Citron.

Toutes ces especes de glaces se font comme celles au cédrat, (*voyez ci-devant*) : faites de même raper le fruit sur le sucre, & n'employez jamais les jus ; voilà, je crois, tout ce que je peux dire des crêmes vierges.

Glace de Chocolat a l'Eau.

Faites fondre dans de l'eau une livre de bon chocolat de santé, & faites-le mijoter sur un feu doux, parce qu'il ne faut pas qu'il bouille, il épaissit mieux & ne perd pas son parfum : au bout de deux heures, ôtez le chocolat du feu, & mettez-y du sucre cuit au petit lissé, (*voyez* Sucre au petit lissé, *page 63.*) Ce sucre est très-léger ; pour rendre la composition plus claire, il faut qu'il soit à-peu-près comme celui qu'on prend en tasse le matin : sucrez à propos, passez-le tout au tamis clair, & faites prendre comme il est dit, (*voyez* Glace, maniere de faire prendre, *page 74.*) Si l'on veut faire la composition avec du chocolat à la vanille, prenez du chocolat à la vanille, & vous ajouterez, en le faisant fondre, un peu de vanille, un peu de cannelle, deux cloux de girofle, un peu de zeste de citron, mettez toutes ces choses mijoter avec le chocolat, & finissez-le comme le précédent.

Cela vous fera de très-bonnes glaces de chocolat d'un bon goût, il est vrai qu'elles sont chaudes à l'estomac, mais elles sont très-bonnes aux tempéramens froids.

GLACE DE CAFFÉ A L'EAU.

Il faut que le caffé ne soit point trop brûlé : faites-le une fois plus fort que celui que l'on prend ordinairement ; ne le faites point réduire, il perd son parfum : mettez deux fortes cuillerées de caffé par tasses, un peu de colle de poisson pour l'éclaircir. Etant bien éclairci, sucrez à propos avec du sucre

sucre au lissé, (*voyez* Sucre cuit au lissé, *page 66*), & faites prendre. *Voyez* Glace, maniere de faire prendre, *page 74*.

GLACES DE LIQUEURS SPIRITUEUSES.

Malgré ce que j'ai dit à l'Article des *Liqueurs spiritueuses*, pour satisfaire au goût des personnes qui voudroient avoir des glaces de cette espece, sans considérer qu'il faut diminuer avec de l'eau les liqueurs pour les faire prendre, joint à ce que la glace diminue encore les qualités ; ce qui ôte entierement la bonté & le parfum de ces liquides, mais pour contenter tous les goûts & rendre mon Ouvrage utile, & que tout le monde puisse s'en servir & faire tout ce qu'il desire dans les rafraîchissemens : je vais donner la

K

maniere de faire quelques glaces de vins, d'eaux-de-vie & de liqueurs, mais je ne réponds pas de la bonté de ces compositions lorsqu'elles seront congelées.

GLACE DE VIN MUSCAT.

Pour deux bouteilles d'excellent vin de Frontignan ou de Lunel, il faut mettre une demi-bouteille d'eau, quelquefois trois demi-septiers, cela dépend de la qualité du vin : faites dans cette eau fondre une demi-livre de sucre, pour lui donner de la qualité ; mettez cette eau avec le vin, ce qui en diminue l'esprit, & qui lui donne plus de facilité à se congeler : battez le tout ensemble, & faites prendre comme il est dit. *Voyez* Glace, maniere de faire prendre, *page 74.*

Si par hasard la congelation ne

se formoit pas facilement, remettez-y un peu d'eau, il n'y a pas d'autre moyen.

Autre maniere.

Comme l'eau diminue la qualité du vin, on peut y substituer le goût de sureau, qui porte à-peu-près le goût de muscat ; & pour cet effet il faut faire infuser de la fleur de sureau dans de l'eau que vous ferez chauffer, & après vous mettrez cette infusion dans le vin, le goût de sureau s'unit très-bien au goût de muscat, & répare un peu ce que l'eau a diminué ; mettez le tout ensemble, & faites prendre.

Autre maniere.

Il est très-possible pour donner du corps à cette espece de glace, d'émietter dans la composition du biscuit, pourvu qu'il n'ait point d'odeur forte ; cela la soutient, & lui donne plus de consistance.

GLACE DE VIN D'ESPAGNE.

Ces vins sont doux, & l'on ne peut employer que ceux de cette qualité. Pour deux bouteilles de vin, il faut une chopine d'eau ou trois demi-septiers, selon la qualité ; faites fondre dans cette eau une demi-livre de sucre, mettez le tout ensemble : il y a des personnes qui ajoutent un jus de citron lorsque le vin est très-doux ; ce qui est à la volonté. La composition étant faite, passez-la au tamis de soie, pour bien mêler le tout ensemble, & faites prendre comme il est dit, (*voyez* Glace, maniere de faire prendre, *page 74.*) Si le hasard faisoit que la congelation ne se formoit pas bien, avec un verre d'eau vous pouvez y remédier.

On peut fur ces deux compofitions fe regler pour en faire toutes autres, comme des vins de Tokay, du Cap, de Lacryma-Chrifti, ainfi que tous les autres vins étrangers qui font confidérés comme très-bons, mais qui ne valent pas les nôtres. Voilà tout ce que je peux dire fur l'Article des vins, je ne regarde pas ces compofitions comme excellentes.

GLACE DE MARASQUIN.

D'entre toutes les liqueurs, il faut diftinguer le marafquin, fon goût s'unit très-bien à l'acide du citron : il faut fe reffouvenir, en faifant la compofition, que les fpiritueux & acides font difficiles à congeler; obfervez donc une jufte proportion pour compofer cette efpece de glace, & vous parviendrez à la faire bonne.

Zeftez quatre citrons dans du

sucre au petit lissé très-léger. *Voyez* Sucre cuit au petit lissé, *page 65*.

Laissez infuser ces zestes cinq minutes sans plus ; ensuite pressez huit jus de citrons dans ce même sucre ; ajoutez-y un verre d'eau si le sucre est trop fort, & un petit verre de marasquin (s'il est de bonne qualité) : passez cette composition trois ou quatre fois au tamis de soie, pour bien unir toutes ces parties ; goûtez-la pour vous assurer s'il y a suffisamment de sucre & de marasquin : étant certain que ces goûts sont proportionnés, faites prendre comme il est dit, (*voyez* Glace, maniere de faire prendre, *page 74.*) Forcez tout de suite de sel ou salpêtre pour que l'action du froid soit plus prompte, & le degré plus grand. Si la composition ne prenoit pas facilement, il faut y remédier avec un verre d'eau, comme il est dit à l'Article *Faire prendre*; il n'y a point d'autre moyen.

Marquez le mieux qu'il vous sera possible vos compositions, pour ne pas être à la peine d'y remédier.

GLACE DE CRÊME DES BARBADES.

Cette composition se fait comme celle de marasquin, il faut avoir les mêmes soin & attention pour bien réussir.

GLACE D'EAU-DE-VIE DE LA COTTE.

Voyez Glace de Marasquin, *page* 213.

GLACE D'EAU DE CRÉOLE.

Voyez Glace de Marasquin, *page* 213.

GLACE DE RATAFIAT DE FLEUR D'ORANGE.

Dans du bon ratafiat de fleur d'orange, il faut y mettre un quart d'eau, un peu de marmelade de fleurs d'orange, pour soutenir le goût que l'eau diminue. Si la composition n'est pas assez sucrée, ajoutez-y du sucre au petit lissé. *Voyez* Sucre cuit au petit lissé, *page 65.*

GLACE DE RATAFIAT DE CERISE.

Avec du sucre au petit lissé très-léger diminuez l'esprit du ratafiat de cerise, & faites prendre comme il est dit. *Voyez* Glace, maniere de faire prendre, *page 74.*

Si la composition ne prenoit pas facilement, il faut y remédier avec un verre d'eau pure.

FROMAGES GLACÉS.

L'On peut faire des fromages glacés avec toutes les compositions que l'on sert ordinairement en tasses ou moulées, comme de fleurs de fruits, de crême ou de liqueurs, c'est la même façon de préparer les compositions & de les faire prendre : mais lorsqu'elles sont prises, il faut les mouler dans des moules à fromages. *Voyez Planche II.* Moules à fromages, *page 88.*

La composition donne le nom, & le moule celui de fromage, par conséquent si vous faites une composition d'ananas, & qu'après être prises dans la sarbotiere, vous la mettiez dans un moule à fromages, pour s'y rafermir & en prendre la forme ; ce sera pour-lors un fromage d'ananas.

K v

De tous les autres fromages, c'est la même chose, parce que les compositions qui sont marquées pour glacées servent pour faire les fromages, il faut simplement les mettre dans les moules, après avoir reçu une premiere congelation dans une sarbotiere. Ainsi lorsque vous voudrez un fromage de fruit, comme de fraises, framboises, pêches, abricots, & autres, vous ferez la composition, & la ferez prendre comme il est dit ; ensuite vous la mettrez dans des moules à fromage, & vous aurez des fromages glacés de fruits.

Pour tous les fromages de crême cuite ou crue, c'est la même chose : faites une composition comme il est dit, faites-la prendre dans une sarbotiere, & ensuite la mettre dans un moule à fromage, & vous aurez un fromage de crême. *Voyez* maniere de mouler, *page 92.*

Fromages aux Épingles ou a l'Angloise.

L'on nomme ces fromages aux épingles, parce que la compofition ne reçoit qu'une premiere congelation ; on la met toute liquide dans le moule, on la fait prendre fans la remuer, ni la travailler : ce qui fait que les parties fe défuniffent, la plus aqueufe fe glace la premiere ; ce qui forme ces filets de glace, que l'on nomme en terme Glacier, *épingles*. On fait des fromages aux épingles avec toutes les compofitions de fruits ou de crêmes crues que l'on fert en taffes, mais point avec les crêmes cuites.

Maniere de les faire.

Préparez telle compofition de crême crue ou de fruits que vous voudrez ; lorfqu'elle fera bien, sur-tout point trop grasse, mettez-la dans un moule à fromage, ensuite mettez ce moule dans la glace bien pilée, forcée de sel ou salpêtre : laissez-le dans cet état trois ou quatre heures tranquille, sans le remuer ni le travailler, seulement avoir soin qu'il soit bien serré de glace par-tout, au bout du tems vous le démoulerez. (*Voyez* maniere de démouler, *page 96*.) On trouve dans ces fromages des filets de glace, ce que l'on nomme *épingle*.

FROMAGE A LA GENTILLY.

Les fromages à la gentilly sont faits avec de la crême en mousse, ils ne reçoivent qu'une premiere congelation ; on met simplement la crême, après avoir été fouettée & bien égouttée, dans un moule à fromage : on enterre ensuite ce moule dans de la glace mêlée de sel ou salpêtre ; laissez dans cet état deux ou trois heures, selon la grosseur du moule, ensuite démoulez & servez. *Voyez* maniere de démouler, *page 92*.

De toutes les mousses qui sont marquées ci-après, vous pouvez en faire des fromages à la gentilly ; la seule attention qu'il faut avoir, c'est qu'il faut se servir d'une crême double, ce qui donne plus de corps au fromage & plus de facilité à les former, parce que la crême trop légere rend la mousse trop délicate ; & n'ayant point de consistance, elle ne remplit pas bien le moule : mais on peut se servir de toutes les préparations de mousses, pourvu seulement qu'on prenne la crême double.

MOUSSES.

LEs mousses se font avec de la crême bien douce & peu épaisse; on la fouette, ce qui la fait mousser, & c'est de cette mousse qu'on fait usage: on peut lui donner tel goût que l'on veut, aromates, fleurs, fruits, vins ou liqueurs.

Maniere de les faire.

Il faut choisir la crême douce, légere, peu épaisse, la goûter avant que de l'employer, crainte qu'elle ne soit sûre ou aigre: si elle n'étoit pas douce, elle ne mousseroit pas bien, parce que c'est de la douceur de la crême que dépend la bonté des mousses: si vous ne l'employez pas sitôt que l'on vous l'apporte, il faut la mettre à la glace ou à la cave, jusqu'au moment de vous en servir.

Mettez la crême dans une terrine, & la sucrez avec du sucre en poudre ; la quantité dépend du goût : remuez avec une cuiller, pour le faire fondre ; ensuite fouettez la crême avec un fouet de buis ou d'osier. Il ne faut fouetter que sur les bords de la terrine, & jamais dans le milieu de la crême, parce que cela lui donneroit trop de corps, & l'empêche de bien mousser.

A mesure que la mousse se forme dessus, il faut avoir une cuiller percée ou une écumoire pour l'ôter, & la mettre sur un tamis clair, & une terrine dessous pour recevoir la crême qui dégoutte de la mousse : continuez de fouetter & d'ôter à mesure toute la mousse qui se forme.

Otez la crême qui sera dans la terrine sous le tamis, & mettez-la avec celle que vous fouettez, pour en avoir suffisamment pour les gobelets que vous avez à emplir.

Lorsque toute la crême sera en mousse, avec une grande cuiller remuez-la dans le tamis, pour lui faire prendre corps, & qu'elle ne soit pas si légere, parce qu'elle ne seroit que du vent. Emplissez ensuite les gobelets, & placez-les dans une cave à mousse sur de la glace mêlée de sel ou de salpêtre; arrangez-les bien, que le sel ou salpêtre ne puisse les endommager; couvrez la cave de son couvercle, & mettez dessus de la glace, du sel ou salpêtre, pour les conserver fraîchement jusqu'au moment de les servir.

Avant de les servir, il faut bien essuyer les gobelets, crainte que le sel ou salpêtre ne les sale.

Lorsqu'ils seront bien nettoyés, servez.

A l'égard de la cave, il faut une goulote en-bas, pour que l'eau qui se forme de la glace puisse couler, (*voyez* Cave à glace, *page 89.*); mais il faut qu'elle ait une goulote en-bas comme au couvercle. Pour ne pas noyer les gobelets & gâter les mousses, on prend ordinairement des gobelets d'argent bien mince, à cul plat, & souvent on les fait dorer: servez-vous de gobelets de verre, si vous n'en avez point d'autre.

Mousse a la Vanille.

Pilez un brin de vanille avec du sucre en pain, elle se pile mieux.

Passez au tamis de soie; ce qui ne pourra passer, il faut le repiler jusqu'à ce que tout soit en poudre bien fine.

Servez-vous de ce sucre pour donner le goût à la crême pour mousser.

Il faut un brin de vanille pour une pinte de crême : mettez dans une terrine cette vanille pilée avec d'autre sucre en poudre; faites fondre le tout dans la crême, & fouettez comme il est dit. *Voyez* Mousse, *page 222.*

Mousse a la Canelle.

Les mousses à la canelle se font comme celles à la vanille ; ou si vous avez de l'essence, il en faut deux gouttes par pinte de crême, & finir comme il est dit. *Voyez* Mousse, *page 222.*

Mousse de Girofle.

Les mousses aux girofles se font comme celles à la vanille ; mais quatre cloux de girofles donnent suffisamment de goût à une pinte de crême.

Si vous avez de l'essence, il en faut deux gouttes par pinte de

crême, & finir comme il est dit.
Voyez Mousse, *page 222.*

Mousse a l'Anis.

Mettez dans un vase qui ferme bien une cuillerée d'anis en grains & une pinte de crême : mettez ce vase au bain-marie à l'eau bouillante, & ôtez-la du feu : lorsqu'elle aura fait deux ou trois bouillons, laissez infuser deux heures l'anis ; faites passer la crême au tamis, laissez refroidir ; sucrez à propos, & fouettez-la comme il est dit. *Voyez* Mousse, *page 222.*

Mousse a l'Ambre.

Un brin d'ambre suffit pour donner goût à une pine de crême, ou deux gouttes d'essence font le même effet.

Mettez l'ambre avec la crême, sucrez à propos, & fouettez comme il est dit. *Voyez* Mousse, *page 222.*

Mousse au Cédrat.

Rapez un cédrat sur du sucre en pain, ce qui fait à-peu-près le même effet qu'une rape : ôtez à mesure cette rapure avec un couteau, & mettez-la dans la crême ; continuez jusqu'à ce que tout le zeste soit bien ôté. Comme les cédrats ne sont pas bien unis, avec un couteau zestez dans les creux, mettez dans la crême, laissez infuser ce zeste deux heures ; ensuite passez la crême au tamis de soie ; sucrez à propos, & fouettez comme il est dit. *Voyez* Mousse, *page 222.*

Mousse de Citron.

Les mousses de citrons se font comme celles de cédrats. *Voyez* Mousse au cédrat *ci-dessus.*

Mousse d'Orange.

Les mousses d'oranges se font

comme celles de cédrats. *Voyez* Mousse de cédrat, *page précédente.*

Mousse de Lime.

Les mousses de limes se font comme celles de cédrat. *Voyez* Mousse de cédrat, *page précédente.*

Mousse de Bergamotte.

Les mousses de bergamottes se font comme celles de cédrat. *Voyez* Mousse de cédrat, *page précédente.*

Mousse de Bigarade.

Les mousses de bigarades se font comme celles de cédrat. *Voyez* Mousse de cédrat, *page précédente.*

Mousse au Cacao.

Ecrasez deux onces de cacao

grillé, mettez-le dans une farbotiere, ou autre vase qui ferme, avec une pinte de crême : bouchez bien le vase, & mettez-le au bain-marie pendant deux heures, ne laissez pas l'eau trop longtems sur le feu, il faut le bain bien doux ; au bout de deux heures, passez la crême au tamis ; sucrez à propos, laissez refroidir, & fouettez comme il est dit. *Voyez* Mousse, *page* 222.

Mousse au Houacaca.

Mettez dans une terrine deux cuillerées de houacaca & du sucre en poudre, délayez tout doucement avec la crême, jusqu'à une pinte ; goûtez s'il y a suffisamment de sucre, & fouettez comme il est dit. *Voyez* Mousse, *page* 222.

Mousse au Chocolat.

Rapez une demi-livre de chocolat, & faites-le ressuyer dans un poëlon sur un feu doux.

Remuez bien avec une cuiller pour qu'il s'amolliſſe également : lorſqu'il ſera bien mou, mettez peu-à-peu de la crême pour le délayer juſqu'à la quantité d'une pinte ; paſſez enſuite au tamis un peu clair, pour achever de bien diſſoudre le chocolat : ſucrez à propos, parce que le chocolat ne l'eſt pas ſuffiſamment ; laiſſez refroidir, & fouettez comme il eſt dit. *Voyez* Mouſſe, *page* 222.

Mousse au Caffé blanc.

Mettez une pinte de crême dans une ſarbotiere, ou dans un vaſe qui ferme bien.

Faites griller un quarteron de

caffé, & jettez-le tout chaud dans la crême : bouchez bien le vase, & mettez-le au bain-marie pendant une heure, sans que l'eau bouille ; laissez faire l'infusion ; passez ensuite la crême au tamis ; sucrez-la bien à cause du caffé ; laissez refroidir, & fouettez comme il est dit. *Voyez* Mousse, *page* 222.

MOUSSE AU CAFFÉ BRUN.

Faites réduire du caffé des deux tiers, & vous en mettrez dans de la crême ; sucrez à propos, & fouettez. *Voyez* Mousse, *page* 222.

MOUSSE FRAMBOISÉE.

Délayez quatre cuillerées de marmelade de framboises, ou des framboises, si c'est le tems, avec une chopine de crême bien douce ; sucrez à propos ; passez le tout

tout au tamis pour ôter ce qui est en grumeaux, & fouettez comme il est dit. *Voyez* Mousse, *page* 222.

Mousse au Safran.

Faites infuser du safran dans un peu de crême sur la cendre chaude : servez-vous de cette infusion pour donner le goût à la crême ; sucrez à propos, & fouettez comme il est dit. *Voyez* Mousse, *page* 222.

Mousses aux Vins de Liqueurs, aux Liqueurs et Ratafiats.

Pour toutes ces especes de mousses, il faut la crême un peu plus épaisse, parce que la liqueur qu'on y met la rend plus claire, & se trouve au point de bien mouffer; fervez-vous de même de fucre en poudre, & fouettez comme il eft dit, (*voyez* Mouffe, *page* 222.) Sur une pinte de crême, il faut un verre de vin.

Si c'eft des liqueurs ou ratafiats, vous proportionnerez la quantité au goût, parce qu'il y a des liqueurs plus fortes les unes que les autres.

On fait des mouffes de tous les vins, liqueurs & ratafiats, comme de

Mouffes de Vins de Liqueurs.

Vins d'Efpagne,
de Malaga,
Pacaret,
Mufcat,
de Tokay,
du Cap,
Lacryma Chrifti.

Mousses de Liqueurs.

LIQUEURS Marasquin,
    Rossolis,
    Crême des Barbades,
    Huile de Vénus,
    Bolognia.

Mousses de Ratafiats.

RATAFIATS Fleurs d'Orange,
    Cerises.

On peut, si l'on veut, employer d'autres vins ou liqueurs.

FIN.

TABLE DES MATIERES.

A.

ABRICOT (fruit), page 117
ACAJOU (noix d'), 163
ACCÉLÉRER, produire l'effet plus promptement.
ACIDE, *voyez* suc acide.
AIR, *voyez* effet de l'air.
ALEXANDRE, Auteur des Glacieres, iv
ANANAS, Roi des fruits, 110
ATTENTION qu'il faut avoir avant de faire les compositions, & pour les faire prendre, 69
AVANT-PROPOS, j.

B.

BACON (le Chancelier), 3
BAIN-MARIE, le bain-marie est pour faire infuser doucement, & que le feu n'altere pas les goûts.
BERNIER (François), Médecin, 11
BINOS, Médecin, 15
BLANCHIR, c'est faire cuire les fruits dans l'eau pour les amollir.
BOYLE (M.), page 12
BROYER, c'est écraser sur une pierre avec un rouleau de fer ou de bois, pour rendre les mixtions plus fines.

C.

CACAO, espece d'amande, 169
CAILLEBOTTER, veut dire *tourner*.
CALORIFIQUE, *voyez* frigorifique.
CAVE de fer-blanc, qui sert pour rafermir les fruits glacés, & qui sert de même pour maintenir les mousses fraiches, *voyez* Planche II, 88
CERISE (fruit), 120
CHARDIN (M.), 15
CHIMISTES (les), 26
CHINOIS (les), 17
COAGULER se dit du lait caillé, ou des œufs qui ont tourné dans la crême.
COLATURE, composition claire, ou filtra-

tion imparfaite au-
travers d'un tamis ou
d'une toile peu ferrés.
COMPOSITION, c'est
préparer des fruits ou
de la crême avec du
sucre pour faire des
glaces.
CONCRET veut dire *dur*.
COULEURS, page 98
CREME (de la), 55
CREME cuite, maniere
de la préparer, 143
CREME crue naturelle,
nommée *vierge*, ma-
niere de la préparer au
blanc d'œuf, 195
CULLIN (M.), son expé-
rience du thermometre
dans la machine pneu-
matique, 37

D.

DÉGRAISSER, c'est
mettre un peu d'eau
dans les compositions
trop grasses; 80
DORTOUS de Mayran
(M.), 5 & 28

E.

EAU (de l'), 47
EAU-DE-VIE, 49
Effet de l'air sur les vases
poreux, comparé à l'ex-
périence de M. Dor-
tous de Mayran sur
deux barometres, 5
EFFET de l'air sur les barometres, comparé à
un même effet sur les
glaces, 43
ÉPINGLES, on nomme

ainsi des filets de gla-
ce qui se forment dans
les compositions.
ESPRIT de nitre, page 39
ESPRIT de vin, 50
ÉTHÉRÉE (matiere subti-
le), 50
Expérience de M. l'Abbé
Nolet, pour faire de la
glace artificielle, sans
le secours de la glace ni
de la neige, 9
EXPLICATION des diffé-
rens liquides que l'on
emploie pour la com-
position des glaces, 45
EXPLICATION du salpê-
tre artificiel, 41

F.

FARENHEIT (M.), 39
FLEGME, partie du vin
considérée comme de
l'eau.
FLUIDE; l'air, le feu,
sont fluides; il se dit
aussi de certains liqui-
des.
FOUET de buis ou d'o-
sier pour fouetter les
blancs d'œufs ou la
crême.
FRAISE, (fruit), 116
FRIGORIFIQUE & calo-
rifique, selon les Phy-
siciens, le premier oc-
casionne le froid, &
l'autre le chaud, 27
FROMAGE de toute es-
pece, 217
FROMAGE aux épingles,
nommé à l'Angloise,
219

FROMAGE à la Gentil- dy, page 220
FUMER, faire fumer la crème, c'est la faire épaissir sur un feu doux sans qu'elle bouille.

G.

GASSENDI (M.), 3
GEOFROI (M.), 16
GLACE ou congélation, 69
GLACE, maniere de faire prendre, 74
GLACE moulée, maniere de les faire, 86
GLACE de fleur d'orange, 105
  de rose, 108
  de violette, 109
  de sureau, 109
  d'ananas, 112
  de cédrat, 115
  d'abricots, 118
  de cerises, 121
  de citrons, 121
  de bergamottes, 123
  de bigarades, 123
  de brugnons, 124
  de cailis, 124
  de coings, 125
  d'épine-vinettes, 125
  de framboises, 126
  de fraises, 127
  de grenades, 129
  de groseilles, 130
  de groseilles framboisées, 131
  de limes-douces, 132
  d'oranges, 133
  de pêches, 134
  de pavis, 137
  de rousselets, 138

GLACE de bons-chrétiens, page 139
  de prunes, 140
  de raisins, 141
  de verjus, 142
GLACE de crème, 143
  à la vanille, 147
  à la cannelle, 149
  aux girofles, 150
  à l'anis, 151
  aux pistaches, 151
  aux amandes, 153
  de Strasbourg, 155
  aux avelines, 155
  aux truffes, 157
  aux marons, 158
  aux noix, 161
  aux noix d'acajou, 163
  au pain de seigle, 166
  au sucre brûlé, 167
  au houacaca, 168
  au cacao, 169
  au chocolat blanc, 173
  au safran, 174
  au cédrat, 174
  aux oranges de Malte, 175
  de fleurs d'oranges, 176
  de fleurs d'oranges grillées, 177
  au caffé blanc, 178
  au caffé brun, 180
  aux biscuits, 181
  aux macarons d'amandes ameres, 182
  aux macarons d'avelines, 183
  à l'Italienne, 183
  au potpourri, 184
  aux œufs, 185
  au ris, 186
  au chocolat, 187
  aux cerneaux, 188
  aux fraises, 190

DES MATIERES.

GLACE de crême aux framboises, page 191
aux fromages, 193
aux échaudés, 194
GLACE de crême vierge ou naturelle, 194
maniere de la préparer, 195
au caffé blanc, 197
au caffé brun, 198
à la vanille, 199
à la cannelle, 199
à houacaca, 200
au pain de seigle, 201
à l'ambre, 201
à la framboise, 202
aux fraises, 203
à l'Italienne, 203
aux biscuits, 204
aux macarons, 205
à la Gentilly, 205
au cédrat, 205
à l'orange, 206
à la bergamotte, 206
à la bigarade, 206
à la lime, 206
aux citrons, 206
GLACE de chocolat à l'eau, 207
GLACE de caffé à l'eau, 208
GLACE de vin muscat, 210
d'Espagne, 212
de Tokay, 234
du Cap, 234
Lacryma-Christi, 234
GLACE de liqueurs, 209
Marasquin, 213
crême des Barbades, 215
eau de-vie de la Cotte, 215
eau de Créole, 215
GLACE de ratafiat, de fleurs d'oranges, page 216
de cerises, 216
GLACIER, celui qui fait des glaces.
GLACE souterreine, iv
GOBELET à glace, il y en a de verre, de crystal, & de porcelaine, voyez Planche I. 72
GODEHEU (M.), 17
GOURGOULETTE, vase, 16
GRAINE, grainer, se dit de la crême, que, par négligence, on n'a pas bien tournée sur le feu, & lorsque les œufs se sont coagulés séparément, ce qui forme un grain.

H.

HÉTÉROGENE, de différente nature, 79
HIRE (M. de la), 15
HOMBERGE (M.), 16
HOUACACA, 168
HOULETTE pour travailler les glaces, Planche I. 72

I.

INFUSION, c'est tirer le suc d'une chose pour en donner le goût à une autre par une chaleur modérée.
IMPÔTS sur la glace, vij
INTÉGRANTES (parties), c'est un assemblage de

quantité de choses, qui toutes ensemble ne font qu'un corps, ou un tout solide ou liquide, selon leur nature.

INTERSTICE, distance ou intervalle d'une chose à une autre; on peut dire les pores de telle ou telle chose, c'est la même signification qu'interstice.

K.

KIRKER (le Pere), *page* 8

L.

LÉMERY (M.), 26
LIQUÉFACTION, c'est la refonte d'un corps qui a été durci par l'art, 35
LIQUIDE, on entend par ce mot tout ce qui n'est pas dur, comme le vin, l'eau, l'eau-de-vie, le lait, les sucs de fruits.
LIQUEURS spiritueuses (des), 48
LOCULE ou cavité, réduit divisé par petits creux.
LUCAS (Paul), 16

M.

MANIERE de faire prendre, 74
MANIERE de mouler, 92
MARQUER, c'est faire une composition; on dit marquer des glaces.
MATIERE froide, p. 27
MATIERE subtile, c'est le feu élémentaire qui se trouve dans tous les corps, tant solides que liquides.
MITYLENE (Charles de), iij
MIXTION, mélange de plusieurs choses pour faire des glaces.
MOLÉCULE, définie comme des amas de matiere subtile. 45
MONDER, c'est échauder les amandes pour en ôter la peau.
MOUSSES, (maniere de les faire), 222
MOUSSE à la vanille, 225
à la cannelle, 226
de girofle, 226
à l'anis, 227
à l'ambre, 227
au cédrat, 228
au citron, 228
à l'orange, 228
de lime, 229
bergamotte, 229
bigarade, 229
de houacaca, 230
de chocolat, 231
de caffé blanc, 231
de caffé brun, 232
framboisée, 232
au safran, 233
MOUSSE aux vins d'Espagne, 234
de Malaga, 234

MOUSSE aux vins pacaret, p. 234
muscat, 234
de Tokay, 234
du Cap, 234
de Lacryma Christi, 234

MOUSSE de liqueurs, marasquin, 235
rosolis, 235
crème des Barbades, 235
huile de Vénus, 235
bolognia, 235

MUSCHEMBROECK, (M.), 26

N.

NITRE aërien, 26
NOYER, c'est mettre trop d'eau dans le sucre, 65
NOLET, (M.), 9 & 29

O.

ORIGINE des Glacieres, iij

P.

PAROIS veut dire les bords intérieurs de la sarbotiere.
PNEUMATIQUE, machine à pomper l'air, ou à faire des expériences dans le vuide, 37
POREUX, porcs, espece de petit trou imperceptible.
POTASSE, espece de cendre gravelée, 39
PRALINER, c'est griller avec du sucre.
PREMIER travail des glaces, voyez Réaumur (M.)
PRINCIPE le plus certain pour définir la formation des congelations artificielles, p. 24
PRINCIPE pour s'assurer que c'est par la privation de la matiere subtile, que le mélange de glace & de sel demeure très-froid, 31

R.

RAFERMIR, c'est mettre les compositions que l'on retire des moules dans une cave pour raffermir, 89
RAFRAICHIR, c'est mettre du sel & de la glace dans les seaux pour augmenter le degré de froid lorsqu'il se ralentit, ce qui accélere la congelation, 79
RÉAUMUR (M. de), 20 & 41
RECHERCHE sur l'origine des congelations artificielles, 1
RESSUER, c'est faire amollir du chocolat sans eau sur un feu doux.
ROSANE (fruit), espece de pêche jaune, 136
ROUX (M.), Medecin, 38

S.

SARBOTIERE, vase d'étain, dans lequel on

fait prendre les compositions, *Planche I.*
p. 72
Salpêtre brut, 41
Salpêtre raffiné, 41
SEL marin est le sel dont on se sert ordinairement.
SEL ammoniac, 38
SEL fossile gemme, 39
SEL aërien, 26
SÉREUSE, aqueuse partie de certains fruits considérée comme de l'eau.
SUC veut dire *jus de fruits.*
SUC acide, 57
SUCRE (du), 59
SUCRE, maniere de le clarifier, 64
  au petit lissé, 65
  au grand lissé, 66
  au perlé, 66
  à la petite plume, 67
  à la grande plume ou le soufflé, 67
STRABON (Don), 4

T.

TAMIS à glace de crin, ce sont des tamis croisés très-forts & bien serrés, qui servent à passer les fruits charnus pour les glaces. Les tamis de soie sont pour passer les compositions claires.
TAMBOUR, espece de tamis, qui sert à passer du sucre très-fin ou du ris.

TOURNER en huile, c'est lorsque l'on pile des amandes ou pistaches, & que faute d'y avoir mis un peu de crême, elle graisse & tourne en huile.
TRAVAILLER, c'est remuer la composition dans la sarbotiere avec une houlette, pour que la congelation se trouve prise également.
TUBE, tuyau de verre du barometre, p. 44

V.

VASE poreux, 1
VERD d'épinard, 49
VIN (du), 103

U.

USTENSILES pour faire les glaces, *Planche I.* 72
USTENSILES pour mouler, *Planche II.* 88
USTENSILES pour les couleurs, 100

Z.

ZESTE, superficie de la peau des fruits de Provence.
ZESTER, c'est enlever la superficie de la peau des fruits avec un couteau, ou du sucre en pain.

Fin de la Table des Matieres.

APPROBATION.

J'Ai lu, par ordre de Monseigneur le Vice-Chancelier, un Manuscrit intitulé *l'Art de bien faire les Glaces d'Office* ; & je crois qu'on peut en permettre l'Impression. A Paris, ce 28 Avril 1768. MARIN.

PRIVILEGE DU ROI.

LOUIS, par la grace de Dieu, ROI DE FRANCE ET DE NAVARRE: A nos amés & féaux Conseillers, les Gens tenans nos Cours de Parlement, Maîtres des Requêtes ordinaires de notre Hôtel, Grand Conseil, Prévôt de Paris, Baillifs, Sénéchaux, leurs Lieutenans Civils & autres nos Justiciers qu'il appartiendra : SALUT. Notre amé le sieur EMY Nous a fait exposer qu'il desireroit faire imprimer & donner au Public, *l'Art de bien faire les Glaces d'Office, ou les vrais Principes pour congeler tous les Rafraichissemens, avec les explications sur la formation de ces Glaces*, s'il Nous plaisoit lui accorder nos Lettres de Privilege pour ce nécessaires : A CES CAUSES, voulant favorablement traiter l'Exposant, Nous lui avons permis & permettons par ces Présentes, de faire imprimer ledit Ouvrage autant de fois que bon lui semblera, & de le vendre, faire vendre & débiter par tout notre Royaume, pendant le tems de six années consécutives, à compter du jour de la date des Présentes. FAISONS défenses à tous Imprimeurs, Libraires, & autres personnes de quelque qualité & condition qu'elles soient, d'en introduire d'impression étrangere dans aucun lieu de notre obéissance; comme aussi d'imprimer, ou faire imprimer, vendre, faire vendre, débiter, ni contrefaire ledit Ouvrage, ni d'en faire aucun extrait, sous quelque prétexte que ce puisse

M.

être, sans la permission expresse & par écrit dudit Exposant, ou de ceux qui auront droit de lui, à peine de confiscation des Exemplaires contrefaits, de trois mille livres d'amende contre chacun des Contrevenans, dont un tiers à Nous, un tiers à l'Hôtel-Dieu de Paris, & l'autre tiers audit Exposant, ou à celui qui aura droit de lui, & de tous dépens, dommages & intérêts; à la charge que ces Présentes seront enregistrées tout au long sur le Registre de la Communauté des Imprimeurs & Libraires de Paris, dans trois mois de la date d'icelles; que l'impression dudit Ouvrage sera faite dans notre Royaume & non ailleurs, en beau papier & beaux caractères, conformément aux Réglemens de la Librairie, & notamment à celui du dix Avril mil sept cent vingt-cinq, à peine de déchéance du présent Privilege; qu'avant de l'exposer en vente, le Manuscrit qui aura servi de copie à l'impression dudit Ouvrage, sera remis, dans le même état où l'Approbation y aura été donnée, ès mains de notre très-cher & féal Chevalier, Chancelier de France, le sieur DE LAMOIGNON; & qu'il en sera ensuite remis deux Exemplaires dans notre Bibliotheque publique, un dans celle de notre Château du Louvre, un dans celle de notredit sieur de Lamoignon, & un dans celle de notre très-cher & féal Chevalier, Vice-chancelier & Garde des Sceaux de France, le sieur DE MAUPEOU; le tout à peine de nullité des Présentes : DU CONTENU desquelles vous mandons & enjoignons de faire jouir ledit Exposant & ses ayans cause, pleinement & paisiblement, sans souffrir qu'il leur soit fait aucun trouble ou empêchement. VOULONS que la copie des Présentes, qui sera imprimée tout au long au commencement ou à la fin dudit Ouvrage, soit tenue pour dûement signifiée, & qu'aux copies collationnées comme par l'un de nos amés & féaux Conseillers-Secrétaires, foi soit ajoutée comme à l'Original. COMMANDONS au premier notre Huissier ou Sergent sur ce requis, de faire, pour l'exécution d'icelles, tous actes requis & nécessaires, sans demander autre permission, & nonobstant clameur de Haro, Charte Normande, & Lettres à ce contraires. CAR tel est notre plaisir. DONNÉ à Paris le premier jour du mois de Juin, l'an de grace mil sept cent soixante-huit, & de notre Regne le cinquante-troisieme. Par le Roi en son Conseil, Signé, LE BEGUE.

Regiſtré ſur le Regiſtre XVII. *de la Chambre Royale & Syndicale des Libraires & Imprimeurs de Paris*, N° 102, ſol. 442, *conformément au Réglement de* 1723, *qui fait défenſes, article* 41, *à toutes Perſonnes de quelque qualité & condition qu'elles ſoient, autres que les Libraires & Imprimeurs, de vendre, débiter, faire afficher aucuns Livres, pour les vendre en leur nom, ſoit qu'ils s'en diſent les Auteurs, ou autrement; & à la charge de fournir à la ſuſdite Chambre neuf Exemplaires, preſcrits par l'article* 108 *du même Réglement. A Paris, ce* 7 *Juin* 1768.

Signé, GANEAU, Syndic.

E R R A T A.

Page 26, ligne 5, au lieu de ſel aerien, liſez nitre aerien.

Page 32, ligne 22, liſez pirophore, ou phoſphore.

Page 138, ligne 11, au lieu de ſablonneuſe, liſez ſableuſe.

De l'Imprimerie de LE BRETON, premier Imprimeur ordinaire du ROI, 1768.

www.ingramcontent.com/pod-product-compliance
Lightning Source LLC
Chambersburg PA
CBHW050326170426
43200CB00009BA/1483